棒球运动从入门到精通

（全彩图解版）

[美]肯尼·托马斯（Kenny Thomas） D.J.金（DJ King）著 丁峰 译

U0740690

人民邮电出版社

北京

图书在版编目（CIP）数据

棒球运动从入门到精通：全彩图解版 /（美）肯尼
·托马斯（Kenny Thomas），（美）D. J. 金（DJ King）著；
丁峰译. -- 北京：人民邮电出版社，2019.3
ISBN 978-7-115-49098-8

Ⅰ. ①棒… Ⅱ. ①肯… ②D… ③丁… Ⅲ. ①棒球运
动—图解 Ⅳ. ①G848.1-64

中国版本图书馆CIP数据核字(2018)第185410号

版权声明

Copyright © 2017 by Human Kinetics, Inc.

All rights reserved. Except for use in a review, the reproduction or utilization of this work in any form or by any electronic, mechanical, or other means, now known or hereafter invented, including xerography, photocopying, and recording, and in any information storage and retrieval system, is forbidden without the written permission of the publisher.

保留所有权利。除非为了对作品进行评论，否则未经出版社书面允许不得通过任何形式或任何电子的、机械的或现在已知的或此后发明的其他途径（包括静电复印、影印和录制）以及在任何信息存取系统中对作品进行任何复制或利用。

免责声明

作者和出版商都已尽可能确保本书技术上的准确性以及合理性，并特别声明，不会承担由于使用本出版物中的材料而遭受的任何损伤所直接或间接产生的与个人或团体相关的一切责任、损失或风险。

内 容 提 要

在棒球运动中，每个人的能力都会得到充分的展现，因此，提高个人及团队的技战术水平是每个球队的必然选择。本书是由拥有多年运动员职业生涯及教练执教经验的肯尼·托马斯与 D. J. 金合力打造的。本书内容从介绍棒球比赛的基本规则入手，依次详细解读了传球、接球、守备、投球、打击、跑垒等方面的基础技术与技巧。在此基础上，本书融入了专项位置、内外场局面处理、特定局面的防守与进攻等专项训练的细致分析，同时对球员的身体与心理健康提供了指导方法。本书还为练习者设计了常见的正误动作提示及系统的记分式测评体系，帮助练习者准确领悟技巧，提高棒球智商，迅速进阶。

◆ 著　　　[美]肯尼·托马斯（Kenny Thomas）
　　　　　　D.J.金（DJ King）
　　译　　　丁　峰
　　责任编辑　林振英
　　责任印制　周昇亮
◆ 人民邮电出版社出版发行　　北京市丰台区成寿寺路 11 号
　　邮编　100164　电子邮件　315@ptpress.com.cn
　　网址　http://www.ptpress.com.cn
　　廊坊市印艺阁数字科技有限公司印刷
◆ 开本：700×1000　1/16
　　印张：14.75　　　　　　　2019 年 3 月第 1 版
　　字数：302 千字　　　　　 2025 年 9 月河北第 14 次印刷
　　著作权合同登记号　图字：01-2017-3636 号

定价：128.00 元
读者服务热线：(010)81055296　印装质量热线：(010)81055316
反盗版热线：(010)81055315

目　录

译者序　　　　　　　　　　　　　　　　　　　　　　　　　iv

攀登通往棒球成功之路的阶梯　　　　　　　　　　　　　　　v

致谢　　　　　　　　　　　　　　　　　　　　　　　　　vii

棒球运动　　　　　　　　　　　　　　　　　　　　　　　viii

图解说明　　　　　　　　　　　　　　　　　　　　　　　xiv

第1章　传球和接球　　　　　　　　　　　　　　　　　　1

第2章　守备　　　　　　　　　　　　　　　　　　　　27

第3章　投手投球　　　　　　　　　　　　　　　　　　57

第4章　接手接球　　　　　　　　　　　　　　　　　　78

第5章　打击　　　　　　　　　　　　　　　　　　　　96

第6章　跑垒　　　　　　　　　　　　　　　　　　　　110

第7章　内场　　　　　　　　　　　　　　　　　　　　128

第8章　外场　　　　　　　　　　　　　　　　　　　　153

第9章　特定防守战术　　　　　　　　　　　　　　　　176

第10章　特定进攻战术　　　　　　　　　　　　　　　　198

作者简介　　　　　　　　　　　　　　　　　　　　　　220

译者简介　　　　　　　　　　　　　　　　　　　　　　222

译者序

非常荣幸能够受邀负责这本书的翻译工作。该书基本囊括了棒球项目所有的基础技术，并且对所有技术要领都进行了详细介绍，内容全面且详细。这本书虽然是针对初学者设计的，但是对于棒球专业的学生甚至是专业教练来说，也可以起到非常好的温故知新的作用。不同国家和不同教练的棒球技术都有不同的风格，事实上，你若是参与过棒球运动的课程，你会发现关于棒球技术，每个人都有讲不完的理论和训练方法。但是我认为这本书涉及的内容是棒球技术中最基础也是最核心的部分。其所介绍的技术动作要领以及战术安排都是基本功的核心内容，没有过多的修饰语言，也没有哗众取宠地描述棒球战术有多么神秘，全部都是棒球基本功的"干货"，这也是我最终选择翻译它的原因。这本书是我从业13年以来，唯一一次静下心来翻译完成的关于棒球基础技术工具类的图书。建议初学者尤其是青少年，在日常训练中，要多参考本书介绍的技术要领以及训练方法，避免养成错误的习惯动作。

另外要提的一点是，目前有关棒球的书籍很少，因此大部分学习棒球运动的人，尤其是初学者，是通过一些零散的资料进行学习的，这就容易产生术语上的混淆。虽然一般情况下不影响理解，但是在此我还是建议大家在刚开始学习的时候，严格要求自己，按照课本使用规范的术语，避免产生混淆影响后面的学习。

丁峰

扫描右侧二维码添加企业微信。

1. 首次添加企业微信，即刻领取免费电子资源。

2. 加入体育爱好者交流群。

3. 不定期获取更多图书、课程、讲座等知识服务产品信息，以及参与直播互动、在线答疑和与专业导师直接对话的机会。

攀登通往棒球成功之路的阶梯

棒球是一种需要球员不断练习基本功和学习棒球知识的运动。不同年龄段以及不同水平的球员都需要不间断地进行基本技巧的训练，如传球，接球，守备以及打击等。球员的水平高低是通过能否持续稳定发挥出这些基本技术来进行区分的。虽然可以通过体型、速度、灵活性、力量等天生的身体优势来确定球员在场上的位置，但是一个好的棒球运动员是可以通过努力练习棒球的专项技术来弥补身体素质不足的。

棒球场上的每一个位置，都需要球员反复进行身体素质和基本技巧的训练。但是如果想要提高球员在某一专项位置的棒球水平，球员们还必须提高自己的棒球智商，或者说是加深对棒球运动的理解。对于每一个高水平的球员来说，棒球智商是最重要的。棒球运动员的棒球智商高低决定了他能否在比赛中瞬间做出正确的判断。随着技术水平的提高，心理素质和棒球智商越发成为影响比赛的关键因素。所以拥有良好的身体素质，以及较高的棒球智商是成为一名优秀棒球运动员的关键。

棒球运动的"成功"该如何定义？要知道，棒球这项运动是建立在不断失败的基础之上的。例如，一个击球员在10次轮击中7次都未能安打，那么在数据统计上看，打击率为0.3，假如只是单独参考这个打击率，这名击球员依然可以算是成功的。棒球运动的这个独特现象促使人们使用大量的数据统计来定义一位棒球运动员在职业、大学以及高中阶段的技术水平。但是对于运动员个人发展来说（尤其是对于青少年阶段的适龄棒球运动员来说），数据并不一定能反映他是否"成功"。对于很多年轻运动员来说，能够把比赛中的失误转化为经验从而直接影响他们赛场上的表现才是关键。只有那些认真总结失误，并勤于思考的球员才能在比赛中取得真正的成功。所以无论是什么级别的棒球球员，赛场上能稳定和持续发挥才是成功的关键。而发挥的稳定性可以通过身体训练、棒球智商训练、总结失误等不同的方法来提高。

本书将把棒球训练的基本方法和原理分解为10个篇章逐一进行介绍，为你的基础训练提供帮助。本书将向你展示在棒球运动中会用到的正确技巧和在比赛中易犯的常见错误，并且会针对传球、接球、守备、投球、打击、跑垒等方面的技巧进行详细讲解。学习这些基本的棒球技术有助于你日后成为一名优秀的棒球运动员。

在本书中，你能够学到棒球的各项基本技术以及相应的训练方法。并且本书还致力于帮助你了解各种技术的关键要点。当你学习每一项技术时，按照以下顺序进行，会使你的学习效果最大化。

1. 学习每一章中所包含的技巧，并且理解其重要的原理以及如何进行实践。

2. 观察示范者做演示的照片。

3. 阅读及练习每项训练，并在每个技巧章节最后的成果检验处记录自己的进度。

4. 找一个合格的观察员，例如老师、教练或者受过训练的同伴等，在完成每项训练后，将他们对你的评价与自我评价相比较，来提升自己的技能水平。

5. 一旦掌握了某章的规定技术后，就可以继续学习下一章了。

虽然你可能急切地想要快速完成这些步骤，但是在学习过程中，请一定要不断地回顾这些技巧，这样才可以确保自己将基本技术掌握牢固。你可以随时调整每项训练的难度（或在觉得困难时适当降低难度）。但是要牢记，专项位置的技术是需要额外训练的。

当你完成基本技术训练之后，本书后面的章节会详细地介绍棒球中各个位置的具体训练方法以及介绍如何把个人能力融入团队作战当中。这些章节会详细讲解内场局面的处理、外场局面的处理、特定局面的防守方法、特定局面的进攻方法以及球员身体与心理的调整方法。当你顺利通过每一步训练之后，你会发现有很多方法可以提高身体和心理素质。所以，树立信心，不断努力，实现自己的目标。

致谢

在本书的创作过程中，我要感谢很多人和很多团队。正是他们的帮助，才让这本书得以出版。其中包括南卡罗来纳大学艾肯分校助理棒球教练菲尔·迪舍尔，南卡罗来纳大学艾肯分校棒球社交媒体总监霍普·比伯，南卡罗来纳大学艾肯分校棒球学院的大卫·布林克利，肯尼·托马斯教练的妻子朱迪·托马斯，南卡罗来纳州艾肯市的哈莉·泰勒，以及南卡罗来纳州艾肯市及市民公园。

棒球运动

棒球是一种基于团队概念的个人运动。棒球比赛的成功，在很大程度上取决于个人在不同位置的专业水平。在许多运动项目中，个人的弱点可能会被团队的整体水平掩盖。但是棒球运动正好相反，在棒球比赛中，随着比赛的进行，个人的弱点会被比赛高度放大。所以本书不仅向读者提供一些关于棒球的基本知识，而且为读者的棒球生涯提供指引和建议。

本书的主要读者对象为棒球的入门者或业余球员，但是对于棒球教练、教师，以及喜欢棒球的家长来说，本书的内容也是不错的学习资源。

棒球作为"全美最消遣时间的运动"，已经在全世界范围内得到了广泛传播和普及，并且成了一种文化融合的载体。无论在哪里举行何种级别的比赛，棒球比赛都有一套相同的基本规则。为了更好地普及棒球这项运动，并且考虑到读者可能不了解这个项目，所以下面我们先介绍一下棒球比赛的基本知识，包括棒球比赛的基本常识，常用术语，基本规则以及棒球场地的布局等；还会为不同水平的球员找到适合自己的器材和装备。那么，我们先讨论棒球比赛的基本情况。

进行比赛：
比赛方式和场地尺寸

比赛分两队竞争，各队在比赛中尽可能多得分。比赛结束时，以得分多者为胜。比赛中主队先防守，客队先进攻。进攻方从本垒起跑，采用逆时针方向，按顺序经过一垒、二垒和三垒，最终回到本垒即得1分。如果跑垒者在第三人出局之前回到本垒，得分有效。

棒球比赛场地由投手板、本垒和其他三个垒组成（图1）。不同年龄段和级别的比赛，垒间距离和投手板到本垒距离有所不同。一般来说，成人和高中生的距离为：投手板的前沿到本垒板尖角的标准距离为60英尺6英寸（1英尺约为30.48厘米，1英寸约为2.54厘米），垒间距离为90英尺。当然对于青少年球员来说，距离可以缩短。

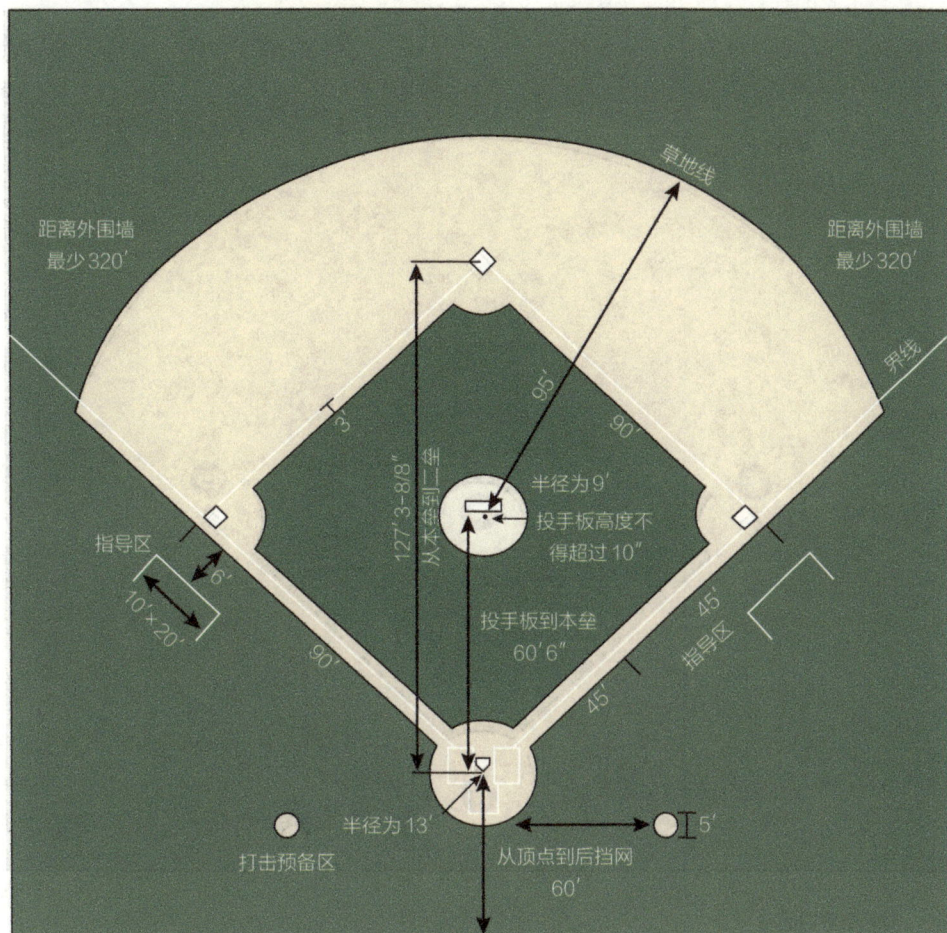

图1 棒球场地（注：图中1′=1英尺，约为30.48厘米，1″=1英寸，约为2.54厘米）

外场是指用挡墙或者护栏从右侧本垒打标志杆延伸到左侧本垒打标志杆所覆盖的区域。球未落地前直接被击出护栏，称之为本垒打。从本垒到外场护栏的距离并没有一个绝对的尺寸标准，每个球场都根据自身地理条件而有所不同。对于青少年球员来说，球场的尺寸可以小一些；对于成人和高水平的球员来说，外场的尺寸和形状，外场护栏的高度以及外场的布局，都随着球场条件的不同而不同。

在图2中可以看到防守位置。边界线（简称"界线"）是指从本垒板尖向一垒和三垒外侧延伸直至左右外场护栏。界线以内为界内区域，界线以外为界外区域。如果击球员将球击打在界内区域，即为有效，反之为无效。如果击出界内地滚球，球必须在到达一垒或三垒垒包前保持在界内才算是有效界内球。

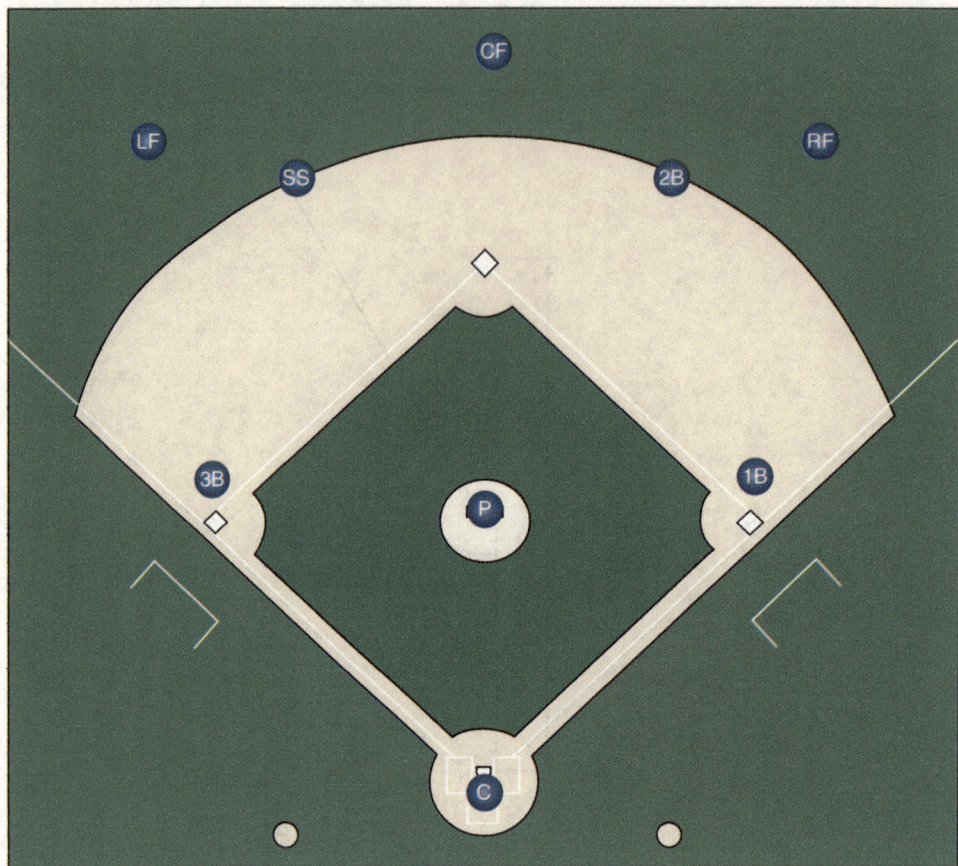

图2　界外与界内区域

比赛局数

　　在棒球比赛中，每一场比赛都要打满一定的局数。通常一场成人或专业级别的棒球比赛共设9局。对于其他级别的棒球比赛，局数由联盟的管理机构来设定。棒球比赛中两队轮流攻守一次视为一局。由一队进攻另一队防守视为半局。每一局的上半局由主队防守，客队进攻。每一局的下半局由主队进攻，客队防守。

　　在每半局中，进攻方在3人出局之前应该尽可能多得分。"得分"即为击球员成为跑垒员后跑垒并依次踏触一、二、三垒，最后安全踏触本垒。"出局"即为防守方成功阻止进攻方球员到达下一个垒位，即使其出局。裁判员负责裁定击球员和跑垒员是否安全到达下一个垒位。如果进攻方被裁定3人出局则攻守双方互换。

判定胜负

棒球比赛中的最后一局，是打满一整局还是只打半局取决于队伍在进入最后一局的得分情况。如果客队在最后一局的上半局比分领先（主队仍有最后一次进攻机会），则比赛继续。如果主队在最后一局的下半局比分领先，则主队获胜，比赛结束。如果在最后一局的上半局结束时，主队比分依然领先（客队已无进攻机会），那么比赛结束，主队获胜。如果客队在最后一局的下半局，使主队球员3人出局，同时依然保持比分领先，则客队获胜。

如果最后一局主客队打平，那么比赛进入加时赛。加时赛的规则与最后一局相同，直至决出胜负。但是有些联盟会根据自己的一些规则，可能出现平局亦结束比赛的情况。

记录比赛

棒球比赛中球员出局的方式有很多种，其中最普通的是三振出局、接杀出局、封杀出局，以及触杀出局。出局的规则太多，此处不一一列举。三振出局是指投手累计投出了三个好球，而击球员未能将球击出。接杀出局是指防守球员在球未落地之前直接接到了击出的球。触杀出局是指防守球员接球后，在跑垒员踏垒前，用持球手套或持球手碰触跑垒员的身体，使其出局的方式。封杀出局是指对击球员进行传杀或对由于球员上垒而被迫进垒的跑垒员进行传杀的防守行为。虽然棒球规则对于出局有统一的解读，但是对于出局的判定，都是以场上裁判员的判定为标准的。

失误是针对防守球员而言的，由比赛中的记录员来判断防守球员是否失误。失误是指防守球员由于未能按照正常守备方式进行防守，从而导致进攻方球员安全上垒或得分的情况。

详细的投球和进攻数据统计是用场上的记录员的记录或按照教练的需求进行统计的。本书中不会过多地讲解这方面的内容，但是在讲解技术要点时，会针对一些特殊情况来介绍技术统计使用的方式。

所需的器材和合理的装备

在各级别的棒球比赛中，棒球运动的器材和装备选择是球员、教练和家长一定会涉及的话题。那么，下面我们会详细介绍棒球球员所需要的基本器材和装备。棒球器材和装备的选择往往取决于球员的年龄、身材、场上位置和个人喜好。

球棒

- 球棒的选用取决于球员的年龄。一般情况下，棒长不得超过1.067米，最粗的部分直径不得超过6.6厘米。
- 对于青少年球员来说，球棒的尺寸往往由联盟的管理机构统一制定。

手套

- 手套的形状、大小以及尺寸的选用，取决于球员的年龄和场上位置。大致区分如下。
  - 接手手套。
  - 一垒手手套。
  - 内场手手套。
  - 外场手手套。
- 手套的尺寸和大小的选用取决于球员的个人实际需求。

钉鞋

- 球员可以根据年龄、脚感和鞋的功能，来选择不同种类的钉鞋。
- 高级别的比赛可以允许穿金属钉鞋，但是低级别的比赛只能选择橡胶钉鞋。
- 高级别的比赛中，球员可以根据不同的地面材质选择针对性的钉鞋（如真草坪钉鞋和人造草坪钉鞋）。
- 高级别的比赛中，钉鞋的功能在比赛中越发明显。速度型球员可以选择重量更轻的鞋，但是对于体型高大的球员来说，应该选择支撑力强的鞋。

其他可能涉及的装备

- 接手护具。
- 头盔。
- 打击头盔。
- 打击手套。
- 滑垒裤。
- 球袜和袜蹬。
- 球棒包或装备包。
- 护裆。

提前准备的重要性

当我们即将迈出第一步的时候，我想强调一下提前做好准备工作的重要性。作为一名想进入高水平运动员行列的球员来说，提前做好日常准备工作是日后水平提高的重要保障。对于青少年球员来说，每天的基础热身和身体的拉伸活动是必不可少的。对于一些高水平的运动员来说，肌肉拉伸、心态调整、力量训练以及营养膳食，是今后在棒球运动中影响取得成功的关键因素。

和上一代棒球运动员相比，如今的棒球运动员在身体素质和竞技寿命等方面都有大幅度的提高。这主要归功于人们对日常健康越来越重视。这种观念也正在被越来越多的业余球员所接受。所以，在场下也要训练，训练目的在于让球员全面做好心理和身体的准备，使球员在场上实现可持续的高水平发挥。

众所周知，罗马不是一天建成的。同样，棒球水平并不是你读完这本书就能提高的。宝剑锋从磨砺出，梅花香自苦寒来。只要你认真阅读本书所提供的方法，持之以恒地训练，并不断总结失败的经验教训，那么我坚信，你的目标一定会实现。

图解说明

P	投手
C	接手
1B	一垒手
2B	二垒手
3B	三垒手
SS	游击手
LF	左外场手
CF	中外场手
RF	右外场手
R	跑垒员
B	击球员
⟶	跑垒员或守场员的路线
┈┈▶	球的路线
∿∿∿	前位跑垒员的假设路径

传球和接球

棒球运动的技术训练可以分成3个部分：进攻、防守和传球。第1章详细介绍关于传球和接球的技巧，这是防守和投球的基础。虽然这些技术很简单，但是如果球员动作不正确，就会慢慢养成错误的习惯，而使动作变形，最终导致伤病的情况。要知道，肩和肘的韧带重建手术是棒球运动最常见的伤病治疗，伤病情况之多甚至已经与爆米花和热狗一样，成为棒球比赛中的一部分。本章的目的就是为初学者和业余球员详细示范传接球的标准动作和要领，为球员的日后发展打下坚实的基础，避免出现伤病。

在开始讲传接球训练之前，我们要强调一下传球时"过肩运动"的概念。顾名思义，在上手传球时，手臂会越过肩部向上向前然后完成传球，这就是所谓的"过肩运动"。虽然这是一个棒球运动的常规动作，但是对于肩部和肘部来说，并不是一种人体的自然动作。为了防止受伤，我们在整个训练过程中必须要用合理和正确的方式来进行。本章我们尽力协助球员找到适合自己的挥臂动作，并让手臂稳定在同一动作上进行反复传接球训练。

因为投掷棒球对于身体来说并不是一种人体自然的运动，所以在整个运动生涯中，我们发现运动员的肩部都会产生一定的变化。如今，许多专家开展了针对棒球运动员挥臂的专项训练。互联网上也可以找到相关资料供感兴趣的球员、教练和家长参考。我们认为无论何种传接球训练方法，一定要注意球员传球臂肩部和肘部的协调发力，要明确如何发力，发力后肩肘会如何反应，从而避免伤病的发生。

对于专业球员和大学棒球队的球员来说，伤病（尤其是对于手臂伤病）的预防是一个全新的训练领域。其实，伤病预防大多都是在非训练期间进行的，正如我们在前面介绍过的那样，包括补充营养和保持良好睡眠习惯，还有非训练期间的力量和协调能力训练也都属于这个范畴。但是对于力量和协调性的训练，针对场上的不同位置会有不同的训练方法，尤其是当你进入更高水平的时候，不同位置的专业性就越发明显。因此，强烈建议要根据自己的需要和日后发展目标，制定一套系统的专项体能训练计划。

　　既然我们已经强调了非训练期间的准备对于球员手臂保养的重要性，那么，现在详细讲一下训练期间该如何保养手臂。无论手臂保养还是手臂力量训练，对于手臂的训练而言，传接球的训练是最核心的内容。传球训练、体能训练和力量训练往往是根据球员场上位置制定的。因为不同位置的球员会使用不同的传球动作。例如，对于外场手来说，传球的动作要比接手的动作更大。所以对于手臂训练来说，既要满足球员自身的需要，还要满足球员场上位置的需要。对于投手来说，投球的训练要精细到每一个投手身上，要根据投手手臂的角度、手臂的力量和手臂的使用要求等多种因素制定专门的训练方法。关于投手的训练，会在第3章中做更加详细的介绍。

　　每一个人的手臂都是不同的。对于高水平球员而言，手臂的角度、动作、力量和对手臂的使用要求，差异都很大。但是对于初学者或者业余球员来说，这种区别并不明显。如同我们学习数学和语文一样，这些运动员在早期所学习的投球基本动作往往会贯穿他们整个运动生涯。当运动员达到一定的生理发育阶段后，一般在高中末期和大学初期，传接球动作会慢慢定型。定型后若是要再改变传接球动作，会极易引发伤病。所以，我们要为初学者和业余球员详细介绍传接球的基本技巧，让球员找到适合自己的挥臂动作，为我们在第1章学习中获得成功打下坚实的基础。

正确的握球方法

　　标准的棒球周长大约为9英寸，重量大约为5盎司（1盎司约为28.35克），表面用白色羊皮包裹配马蹄型的缝线共108针。棒球表面的缝线是为了不同握球方式缝制的，而每一种握球方式都会产生不同的效果。首先我们先介绍一下两种标准的速球（或直线球）握法。

　　四缝线速球（或直线球）握法（图1.1）是一种最常见的投球或传球方式。我们建议场上各个位置的球员都要掌握这种握法，因为这种握法能够最有效地控制球。正是因为这一点，投手最喜欢使用这种握球，尤其是在业余级别的赛事中。使用四缝线速球握法时，当球被投出后，四条缝线均匀后旋保持直线飞行。

　　二缝线速球（或铁轨球）握法（图1.2）也是一种投手常用的握法。因为球被投出时，只有2条缝线旋转，所以球会向左或者向右滑动。二缝线速球握法只适用于投手，不建议场员使用。

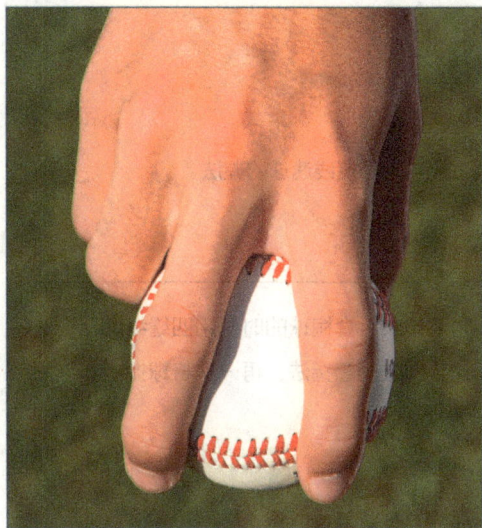

1. 食指和中指置于球的马蹄形位置上方（缝线半圆处）。
2. 拇指在球下方。

图 1.1 四缝线速球的握法

错误

将拇指完全放置于球的正下方，可能会使你感觉不舒服。

更正

可以将拇指放在球的斜下方，让你更加舒适，更容易精确控球。

1. 食指和中指置于远离马蹄中心的两条缝线处。
2. 拇指紧贴球的正下方，穿过最近的2条缝线。

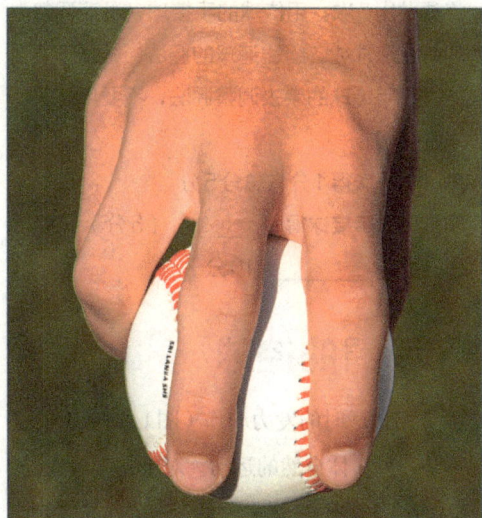

图 1.2 二缝线速球的握法

错误

场员不应该采用二缝线速球的握法。

改正

培养自己从手套内拿出球的瞬间立刻转为四缝线速球的握法。

握法训练 抛出并接住

用传球的手将球抛向空中，并用手套接住。当手伸入手套掏球的时候用四缝线速球握法将球掏出。注意掏球的时候，一定不要去看，用你的手感去调整握法。再一次将球抛出，然后用二缝线速球的握法将球掏出。

增加难度

- 不用手套来进行训练。用传球的手接球并迅速将球旋转至四缝线速球或二缝线速球握法。

成功的标准

- 当你进行四缝线速球的握法训练时，尽量保持球四条缝线均匀旋转，正确旋转时你应该看不见任何缝线。
- 当你进行二缝线速球的握法训练时，球在旋转的时候，能看见2条平行的缝线。

给自己的训练打分

将球抛出5次，用手套接住。分别用四缝线速球和二缝线速球的握法将球掏出。眼睛不要看球。每成功一次得1分，总分5分。

用手套接球得分 _____（5分）

将球抛出5次，用传球的手接球，迅速调整为四缝线速球或二缝线速球的握法，眼睛不要看球，只用传球的手去调整握法，不要用两只手来调整。

每成功一次得1分，总分5分。

用传球的手接球得分 _____（5分）

你的得分 _____（10分）

传球的发力动作和手臂的控球

既然我们已经掌握了球的基本握法，那么下面介绍传球时的发力动作（图1.3a～e）。正如上文所提到的那样，过肩传球对于手臂来说并不是一种人体自然的运动。对于初学者来说，传球的动作对整个身体都不是人体自然的动作。因为传球需要整个身体完成一系列连贯的动作，需要腿部、肩部、臀部和手臂动作协调一致。对于那些没有接触过的初学者来说，完成这一系列动作非常困难，甚至在刚开始训练时，看起来有点可笑。

错误

连续向目标投球时非常费力。

改正

投球的时候，眼睛有没有看着目标？可能是臀部转体发力与手臂发力的时机不协调，或者需要调整跨出去的步幅。

初学者需要注意的是，传球时要保持身体与目标成一条直线。错误的发力时机和发力方向往往造成传球失误。对于大部分人来说，传球不准是由于传球的时候眼睛没有盯着目标造成的。初学者最典型的情况是传球的时候低头看地面或者自己的脚，这主要是球员还没有建立起身体各部位协调发力的节奏感。当支撑脚站好后，上身打开至适当的发力角度，此时眼睛就要牢牢地盯住目标。重复练习过程中，可以适当向前走一步或者两步再传球。

动作熟练和连贯以后，可以在传球的过程中在脚上加入侧滑步。加入侧滑步后，手臂速度会增加并可以更有效地提高传球的节奏。侧滑步传球时，你能否与目标方向保持一致？传球节奏加快了，你能否保持肘部的角度不变？请牢记，传球时一定要肘部朝上并且一定要完成整个传球动作。传球动作是由身体各部位许多不同的动作组成的，因此动作不连贯可能有多种原因，需要不同的改正方法。请参考下面的一些训练技巧，这些技巧会帮助你找到最有效的改正方法。

首先，我们会把传球的动作分成七个基本且通用的步骤，这些步骤适用于各种级别的选手。我们设计这些训练的目的就是让球员能够拥有良好的球感、正确的发力动作以及自然的挥臂动作。这七个投球的步骤首先把传球动作简化为单纯挥臂运动，暂时去掉身体的动作，当球员完成挥臂训练后，我们再慢慢加入传球的准确度和整体发力的练习。为传球动作创造一个良好的开端。

最后要提醒的是，传球时，一定要注意瞄准目标。传球的目的是让队友舒服地接住你的球。胸部是最容易接球的部位，所以传球时要瞄准队友的这个位置。如果传球时看不见目标，那么你就一定传不准！现在让我们拿起棒球，开始训练。

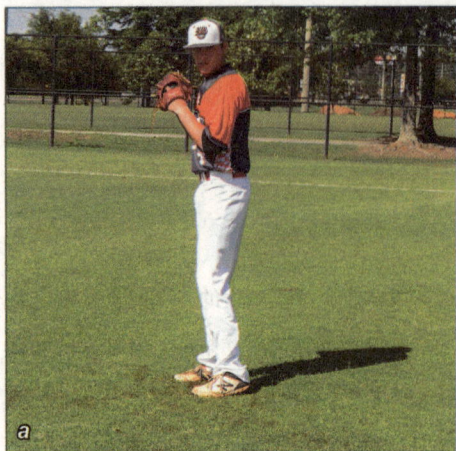

准备

1. 向目标反向转体，带动肩部、髋部和传球臂一起转动。

2. 双脚分开，略比肩宽。

3. 膝盖略弯，呈运动姿势。

跨步

1. 前脚朝目标方向迈出一步。

2. 身体重心位于后脚。

3. 前肘指向投球目标，前肩稍微向上倾斜。

4. 眼睛盯住目标。

转体和发力姿势

1. 旋转髋部，直至胸部对准传球目标。

2. 肩部随着手臂的挥动而旋转。

3. 身体重心由后脚处向前移。

4. 手臂自然位于发力位置。

图1.3 传球动作

出手

1. 向目标投出球。

2. 手套侧手臂保持在身体侧边。

3. 后脚开始抬起。

4. 前脚维持身体的平衡。

随挥和完成动作

1. 传球的手臂继续向前向后，直至身体另一侧自然停止。

2. 手套侧手臂贴住前胸或身体中部的位置。

3. 后脚落地。

4. 动作结束时，身体应该保持合理的运动姿势，正对着传球目标。

图1.3　传球动作（续）

传球训练1　翻手腕抛球

　　正如之前所介绍的那样，我们的训练先简化传球动作，减少身体的参与。翻手腕抛球训练方法，要求与队友面对面，采用站立或者双膝跪地的姿势。与队友的距离要非常近，一般是10英尺到25英尺，具体距离取决于球员的能力。手套放在传球臂的肘部下方，手套侧手臂与肩部同高（图1.4a）。将传球臂的肘部置于手套上方，采用四缝线速球的握法将球握在手中。仅使用手腕和前臂的力量，将球拨向队友的胸前（图1.4b）。拨球的时候，尽量去感觉出手点，并且能看见球的四条缝线旋转。

图1.4　翻手腕抛球训练

成功的标准

- 球有正确的四缝线旋转。
- 球正好传到队友的胸前。

给自己的训练打分

重复10次。

球按照正确的四缝线旋转把球传到目标，每成功一次得1分。

你的得分_____（10分）

传球训练2　双L传球

　　双L传球训练是一种强化传球时保持肘部在上的一种训练方式。此训练常用于初学者。球员在传球时要保证肘部平行或者位于肩部以上（图1.5），这样可以减少肘部的压力。初学者常犯的另一个错误是手套侧手臂太弱。当球被传出后，手套侧手臂自然下垂，头部歪向肩部，形成一定的角度。这个动作会增加传球臂的压力。双L传球训练针对手套侧手臂、头部，以及身体上半身进行训练，最大限度地减少传球臂的压力，增加球感和控制力。

对于传球训练2来说，你和队友之间的距离可增加至30英尺到45英尺。当进行双L投球训练时，双脚分开，略比肩宽。膝盖轻微弯曲，双脚脚尖指向你所面对的方向，也可以说身体成运动姿势。如图1.5所示，双肩保持水平。传球臂位于肩部的上方呈正L形，同时手套侧手臂置于肩部的下方呈倒L形，双臂呈双L的形状，后背挺直。注意略微收缩肩胛部分，激活胸椎部的肌肉。此训练采用四缝线速球握法。

这个姿势是由传球臂的最高点开始，允许上半身其他部分一起协调发力。在以这个姿势传球时，上半身向前运动迫使胸部朝地，同时将手套往胸部回收。当球被投出时，传球的手臂继续完成随挥动作，保持胸部朝地、手套紧贴胸前的姿势。正确完成是指每一次传球都按照这个要求完成动作。

图1.5 双L传球训练

成功的标准

- 球有正确的四缝线旋转。
- 球正好传到队友的胸前。
- 每次都能正确完成动作。

给自己的训练打分

重复10次。
球按照正确的四缝线旋转传到目标，每成功一次得1分。
你的得分_____（10分）

传球训练3 双手并拢和分开

　　球员面对目标，保持运动姿势，与队友之间的距离和训练2中相同，或者距离稍远，约45英尺。在这个训练中，首先要将传球手置于手套内，并按照四缝线速球的握法将球握住，双手置于胸前（图1.6a）。然后双手分开形成训练2中的双L姿势（图1.6b）。当你收肩的时候，身体要流畅地转换到双L的姿势，然后将球投向目标处，动作结束时胸部朝下，手套停在身体中部。

　　这种双手并拢和分开训练，模拟球从手套内出来一直到完成挥臂传球的整个动作。由于只使用了上半身的力量，初学者可以更容易地感受到整个上半身的传球节奏。同时也会养成肘部要高于肩的正确挥臂动作。

图1.6　双手并拢和分开训练

成功的标准

● 球有正确的四缝线旋转。

● 球正好传到队友的胸前。

● 每次都能正确完成动作。

给自己的训练打分

重复10次。

球按照正确的四缝线旋转传到目标，每成功一次得1分。

你的得分_____（10分）

传球训练4　双手并拢、转体和分开

在这个训练中，球员需要保持与传球训练3相同的距离和开始姿势，在原动作基础上加入了上半身的转体动作。双手分开的同时，旋转上半身，使手套侧的肩部和肘部对准目标，然后身体打开成双L姿势（图1.7）。与传球训练3相同，传球过程从出手到手臂随挥结束都要求流畅并稳定地完成。

我们在这一训练中加入上半身的转体动作，目的是再次强化上半身与挥臂之间的协调性。虽然我们的训练重点是保证挥臂传球的稳定性和随挥动作的完成，但此时，你可能发现手套侧的膝盖会随着上半身的转体而转动。这是一个好现象，说明你的身体已经开始逐渐培养出传球动作的整体连贯性。你还可能会注意到，双臂分开时，引臂的时间会拉长并在形成双L姿势前画出一个小圆圈，这也是一个好现象，说明你的整个上半身已经协调一致。

此时，传球动作会直接影响传球结果。例如：球正中目标，说明整个传球过程一气呵成，传球动作正确无误。相反，球没有传中目标，说明传球动作存在问题。所以我们现在可以通过球飞行的轨迹和结果，来判断传球动作是否正确。做完上一个传球动作后，你是否觉得在传球过程中有些地方可以调整一下？养成这个习惯非常重要，尤其是对高水平的选手而言。但是我们现在就要强调它，因为只有你能感觉到它，才能改正它。传球训练4是巩固传球动作、发现调整和避免形成错误习惯的关键训练。

图1.7　双手并拢、转体和分开训练

成功的标准

- 球有转速，四缝线旋转正确。
- 球正好传到队友的胸前。
- 每次都能正确完成动作。

重复10次。球按照正确的四缝线旋转传到目标，每成功一次得1分。

你的得分＿＿＿＿＿＿＿（10分）

传球训练5　发力角度

要进入发力角度，你需要将身体侧过来，并将手套侧的肩膀、髋部和脚朝向目标（图1.8a）。这个训练的距离约为30英尺到45英尺，根据球员水平调整。对于水平较高的球员来说，距离可增至60英尺到90英尺。双脚分开，略小于2倍的肩宽，重心在身体中间。现在，举起双臂，肩胛骨收紧，形成W形状，也就是身体的发力角度的姿势。身体向后倾斜或平移，把60%到70%的重心调整到后脚内侧（图1.8b）。此时双臂应该保持水平。这种重心转移会使手臂与下半身同步起来，当重心向前的时候，传球臂也就自然向前运动。当重心向前移动的时候，迅速转动髋部和双脚，使其正对所投向的目标，双臂再次成双L姿势，并完成传球和手臂随挥（图1.8c）。在最初几次练习时，动作结束时后脚原地不动，这样做的目的是使球员在传球的时候，感受到身体躯干的力量。在后续的重复训练中，后脚随身体完成结束的随摆，目的是使球员能够感受到下半身的旋转。再次提醒，要观察球飞行的轨迹和准确性，从而适当调整传球的动作。

当传球动作加入了身体重心以后，每个球员的传球动作就变得不一样了。这些不同的挥臂动作至今都是棒球界争论的话题，尤其是投手的动作。为了掌握自然的传球动作，我们建议球员要记住以下几点。第一，一定要跟着手臂的感觉走，以手臂感觉轻松和自然为标准。第二，一定要保持肘部向上打开。第三，一定要保持动作连贯流畅。曾有许多球员模仿其他球员或者为了加速出手而改变自己的自然传球动作，结果这些人迅速形成了坏习惯并最终导致了伤病。所以，在这个训练中，我们从发力角度开始，让你感受正确和自然的挥臂动作。

图1.8 发力角度训练

成功的标准

- 球有正确的四缝线旋转。
- 球正好传到队友的胸前。
- 每次都能正确完成动作。

给自己的训练打分

每组动作重复10次。

后脚不动，球按照正确的四缝线旋转传到目标。每成功一次得1分。

后脚不动传球得分_____（10分）

重复10次。后脚随摆，球按照正确的四缝线旋转传到目标。每成功一次得1分。

后脚随摆传球得分_____（10分）

你的得分_____（20分）

传球训练6 迈步

在这个训练中，我们要再一次从侧身传球的姿势开始。双脚自然分开至舒服的距离，大约与肩同宽（图1.9a）。双手并拢，重心稍微靠向后脚。现在让下半身一起配合整个传球动作（图1.9b）。这个动作被称为迈步。双手分开时，前脚向目标迈出，传球臂开始启动，前脚落地时，身体成发力角度的姿势（图1.9c）。整个动作需要保持流畅，球出手后身体必须完成手臂随挥。

图1.9 迈步训练

加入迈步以后，初学者需要适应一段时间才能掌握。主要是因为这是他们第一次在移动双脚的过程中完成传球。常见的问题是迈步的距离，这取决于球员自身条件、场上位置，以及传球距离。若是正常的传接球，建议迈步距离应该与发力角度训练中的距离相同，或者稍微宽一点。另一个问题就是从发力角度姿势转换到双L姿势的时机。一个常见的错误是髋部旋转过早，在前脚落地前就完成了转体，这样会导致无法瞄准和手臂拖拽的问题。如果你也感觉到了自己存在这样的传球问题，可以通过调整各个动作的转换时机来调整。

成功的标准

- 球有正确的四缝线旋转。
- 球正好传到队友的胸前。
- 每次都能正确完成动作。

给自己的训练打分

重复10次。

球按照正确的四缝线旋转传到目标，每成功一次得1分。

你的得分_____（10分）

传球训练7　垫步传球

最后一个训练的目的是让你的双脚与球的运动协调一致。在这个训练中，你要面对目标，双手并拢握住球（图1.10a）。对准目标，后脚或者传球臂一侧的脚向前迈出一步，如图1.10b所示。转体后，用手套侧对着目标，并将重心移到后脚，如图1.10c所示。然后迈步并流畅地完成传球动作。

图1.10　垫步传球训练

图1.10 垫步传球训练（续）

成功的标准

- 球有正确的四缝线旋转。
- 球正好传到队友的胸前。
- 每次都能正确完成动作。

给自己的训练打分

重复10次。

球按照正确的四缝线旋转传到目标，每成功一次得1分。

你的得分_____（10分）

鸦式跳传

在进行接球训练之前，我们要介绍最后一种传球技巧——鸦式跳传（图1.11）。鸦式跳传是一种能够将最大的力量与准确性融合在一起的传球技巧。进行鸦式跳传时，首先要面对目标，跳多少步可以根据球员的自身条件来决定，但是每一步必须有一定力度。

图 1.11 鸦式跳传

1. 在迈步过程中，先用后脚起跳（传球臂侧），前脚协助发力将身体向前向上轻轻推起来。整个起跳的力度是将身体轻轻跳起来即可，然后用后脚落地（图1.11a）。

2. 手臂随着起跳旋转换到正确的传球姿势。

3. 后脚落地后，借助身体的惯性完成传球（图1.11b）。

错误

起跳过高。

改正

应该向远处跳，而不是向上跳。

传球训练8 鸦式跳传

跳传方法适合于长传，是外场球员经常使用的技术，所以我们要多加练习。跳传最好的训练方式，是让队友给你打外场地滚球，接球后用实战的节奏把球传回来。

成功的标准

- 球有正确的四缝线旋转。
- 球正好传到队友的胸前。
- 如果动作正确，应该感觉到全身的力量都集中到球上了。

给自己的训练打分

重复10次。

球按照正确的四缝线旋转传到目标，每成功一次得1分。

你的得分_____（10分）

手臂力量与制订传球训练计划

既然你已经通过了传球的基本训练，那么现在可以增加你与队友之间的传球距离了。随着距离的增加你的手臂会慢慢放松下来，热身效果会更好。传球训练计划和热身训练内容，应该根据不同的因素来制定，例如：随着经验的增长，球员会针对场上专业位置有不同的传球需求，个人手臂力量和伤病情况不同，或者教练提出的特殊战术要求。一般来说，年龄和经验是主要的考虑依据。

棒球运动中的长传是指远距离传球。对于高中或者高中以上的球员来说，长传球距离为150英尺，每30英尺为一个增加单位。超过这个距离的传球称之为长传。长传要求球尽量以较平的轨迹或者低轨迹飞行（教练常说的把球"压低"）。长传要传得准，要求球员不但要用上全身的力量，还需要整个传球动作完美流畅。

长传的功能以及长传与手臂力量、状态和健壮程度的关系，一直以来都是棒球界一个争论的话题。这种争论最先出现在高水平的投手上，这个主题将在第3章中详细讨论。长传的公认理论是，长传能够增强手臂的耐力，因为将球以最大的力量投向最远的距离需要全身协调配合，尤其是需要慢慢学会如何把全身的力量集中传导出去。有人还认为长传训练会增加手臂的力量。无论如何，长传都是棒球运动的一种重要技术。我们不必每天都进行长传训练，但是要根据球员的自身需求来安排训练计划。

许多传球训练计划都是根据球员的特点来制订的。无论制订什么样的计划，都是不能以球员手臂为代价。没有论证过的传球训练，或者某些不懂得手臂护理或运动生理的人，他们所制订的训练计划的结果往往伤害大于收益。

接球

接下来把目光转移到如何在各个防守位置把球接住。在讨论这一主题之前，先回顾基础的传接球技术，尤其是接球的正确技巧。因为基本的接球动作对于球员来说非常重要，是球员取得成功的关键，而且这些基本动作会贯穿球员的整个运动生涯。

对于初学者来说，接球并不是一项简单的任务，因为很多人担心被球击中，这种担心主要是源于对飞行路线的不熟悉。初学者必须要适应一个很小的球以飞快的速度朝你飞过来的感觉。当然，说来容易做时难，我们如何才能够克服这种恐惧感，能够一边观察球的飞行路线，一边用手套接住球呢？下面让我们来看看该怎么做。

接球的基本原则

接球看似很容易，实则不然。位置、技巧和手套的大小（图1.12），都是决定能否成功接住棒球的关键因素。

图1.12 选择适合手掌大小的手套

对于有经验的球员来说，手套的大小取决于球员的场上位置。而对于初学者来说，手套的大小则应该根据球员的身材以及手掌的大小来决定。小朋友们初学棒球的时候，经常会选择较大的手套。但是手套不是越大就越好，尤其是在我们刚开始学习接球的时候。我们使用手套是要发挥它的功能，如果手套过大，移动起来会很困难，几乎不可能接住球。

选用合适的手套，就是要找到一个容易操控的手套。换句话说，手套就是手的延伸。手套越小，它的可操控性就越好。小手套的另一个好处是，便于我们训练手眼的协调性。任何一个打过棒球的人都知道，手眼协调是打好棒球的关键。

接球

在全球每一个棒球公园或者棒球场上，都常常会听到这样一句话"用双手接球"。对于专业人士来说，这一句话经常用于强调球员因为基本功不扎实而导致手套掉球的情况。而对于初学者来说，这句话往往强调用手套来控制球的重要性。我们经常看到，当球传向身体两侧的时候，初学者会试图单手去接球。这一点是不正确的，在传球出手的瞬间，球员应该做好"双手接球"的准备。

初学者在接身体两侧的球时，经常会闭眼或者扭头避开球。正如传球一样，看不见目标是不可能把球传准的；同理，接球不看球的话，也不可能将球接住。尝试一下拇指对拇指的技巧，相信你身体的自然反应。当你的眼睛注视着球的时候，你的手套手也会自然地随着目光跟踪球的路线。传球过程中，如果你闭眼或者扭头，那么朝你飞过来的球就会变得很危险，因为你不仅接不住球，还很有可能被球打到。所以抛开恐惧，相信你的眼睛，因为它们会指引你用手接住目标。

将队友的胸部作为传球目标，并不意味着每次传球都能做到。实际上，即使在高水平的赛事中，也并不是每次都能传准的。随着与队友之间传球距离的增加，把球传准的概率会大大降低。因此，还要学会运用双脚去协助接住球。运用双脚的宗旨是永远要让球停在身前。因为球在前面，会更容易被看到，也更容易被接到。所以在处理传到身体两侧的球时，要移动脚步，用身体的中心去对准球（图1.13）。

1. 如同传球训练，要瞄准队友的胸部来传球。对于接球来说，要向队友展示这个目标位置。把手套打开并将其置于胸前，因为这是最容易接到球的位置。

2. 把手套和传球臂平行于胸前，亮出传球目标，采取拇指对拇指的接球姿势，这样就可以用手套接住传来的球（图1.13a）。

3. 当你亮出目标的时候，保持运动姿势。

4. 用身体的中心对准球来的路线，随时调整脚步（图1.13b）。

5. 球进入手套后，传球侧手掌跟随进入手套护球，避免掉球。

图1.13　接球

21

6. 若来球低于腰部，翻转拇指对拇指的位置，将手套转过来，这样更容易接到球（图1.3c）。

7. 眼睛从传球的出手点开始盯球。

8. 观察球的旋转。

9. 眼睛要看着球进入手套（图1.3d）。

10. 如同我们在握法中提到的那样，将球按照四缝线速球握法，从手套转移到手里。

图1.13 接球（续）

错误

球进入手套后掉出来。

改正

一定要保护球，球入手套后用力捏住并用传球侧的手掌护球。

错误

手套没有碰到来球。

改正

球飞来时，眼睛要全程盯住球的线路。

错误

由于跑动或者转身，没有接到球。

改正

迅速移动到球的正前面。

接球训练1　转换

　　转换训练是为了提高接球后迅速将身体转换为传球姿势（四缝线速球握法）的能力。首先，让队友朝你的方向传球，然后移动双脚让球位于身体的正前方（图1.14）。当接住球的时候，开始转体，准备进入传球姿势。然后从手套中把球掏出，握好，当身体做好传球姿势后，完成传球。最后，复位，重新开始。

图1.14　转换训练

增加难度

● 让队友向你身体两侧传球，强迫你移动双脚，并调整手套的位置接球。

成功的标准

● 在身前接住球。
● 可以迅速将球从手套转移到手中。
● 按照四缝线速球的握球方法握球。

给自己的训练打分

重复10次。

每一次成功进行转换时都采用了四缝线速球的握法，得1分。

你的得分_____（10分）

接球训练2 快速传接

快速传接是转换训练的延展，在快速传接训练中，没有停止和还原。接到球后（图1.15a），根据身体的节奏和惯性，迅速将球转移到手中并将球回传队友（图1.15b）。注意，快速传接中，一边传球一边慢慢向队友靠近。每投球10次，停下来重新复位。

图1.15 快速传接训练

增加难度

● 提高移动的速度。

成功的标准

● 每个球都在身体中心部位接住。
● 脚步移动和转换动作要及时。
● 保证传球准确命中。

给自己的训练打分

重复10次。

每一次成功地将球进行转换，并击中目标得1分。

你的得分_____（10分）

接球训练3　中继传球

　　中继传球训练需要3名或以上的球员协同进行。其中一人站在两名队友之间，身体面向球（图1.16a）。当第1名队友传出球后，接住球，迅速转体并进入传球姿势，对准另一队友把球传出（图1.16b）。当你向后一名队友传球后，迅速恢复准备再次接住前一名队友传球。

图1.16　中继传球训练

增加难度

● 提高接力的速率。

成功的关键

● 脚步调整到位，便于下一个传球。

● 转换过程迅速。

● 按照四缝线速球的握法，击中队友的胸部。

给自己的训练打分

重复10次。

球没有掉落或者传球失误得1分。

你的得分_____（10分）

总结

在第1章中我们介绍了传球和接球的训练技巧，这些都是进行传球和防守的基础。我们也介绍了保护手臂的重要性，包括正确的挥臂动作、伤病预防和训练方法。同时还介绍了一些接球的技术和训练方法。这些都是我们学习下一章的重要基础。

握法训练

抛出并接住得分 _____（10分）

传球训练

1. 翻手腕抛球得分 _____（10分）
2. 双L传球得分 _____（10分）
3. 双手并拢和分开得分 _____（10分）
4. 双手并拢、转体和分开得分 _____（10分）
5. 发力角度得分 _____（20分）
6. 迈步得分 _____（10分）
7. 垫步传球得分 _____（10分）
8. 鸦式跳传得分 _____（10分）

接球训练

1. 转换得分 _____（10分）
2. 快速传接得分 _____（10分）
3. 中继传球得分 _____（10分）
   总得分 _____（满分130分）

如果你的得分在90分以上，那么恭喜你，你已经掌握了一些关于传球和接球的基本技巧。

如果你的得分少于90分，那么你需要在确保合适的出手位置和手臂健康的前提下，重新练习这些基本技巧。同时，你也需要训练一些关于手套接球方面的基本技巧。通过对这些技巧的反复练习，你会提高自己所需的技巧水平，并为自己下一步的成功打下坚实的基础。

第2章

守 备

既然你已经充分热身，并且已经掌握了利用脚步移动来接球的技术，那么我们下面介绍关于防守的一些基本要素。在本章中我们会详细介绍地滚球和高飞球的基本守备技术。这些训练方法，主要教你如何利用正确的身体移动来进行防守；针对高级别球员，也会介绍一些具体位置的守备方式。本章还会介绍作为成功的守场球员的必要准备工作。

传球和接球是成功的基础，守备则是棒球比赛中防守体系不可或缺的环节。因此我们的目的是在确定守备位置之前，先为你的身体和心理都打下基础。这些基础训练有助于你日后获得成功。

约吉·贝拉曾经说过："棒球比赛中90%的部分都是心理。"本书介绍的守备基础，没有刻意强调运用肢体技巧和力量去防守。我们希望通过弱化肢体的守备技巧，结合守备的心理因素来形成完整的守备方法。前面提到过，棒球运动不是单纯体力游戏，必须融入棒球智商才能提高水平。守备训练就是开始融入心理训练的最好开始。通过这种方式，可以培养良好的运动习惯和心态，增加你对棒球比赛的了解和感觉。

对于棒球的初学者来说，掌握守备技术至关重要。要想提高棒球智商，初学者还必须掌握场上各个位置的专项守备技能。一般情况下，初学者应根据身体条件先确定一个守备位置。教练能够很轻松地按照身体条件对球员进行分类，尤其是在青少年阶段。对于那些身体条件不好的球员，一般会安排在外场，因为外场可以避免被球直接打到。同时，他们在外场能正面观察比赛，学习如何进行防守。所以场外作为观众的父母，如果自己儿子不是游击手，请不要失望。相反的，父母应该鼓励自己的孩子学习外场守备技术和掌握比赛节奏，这有利于提高孩子的棒球智商。

在介绍针对场上具体位置的防守技能之前，我们必须先详细地学些基本守备技术。同时，在学习本书中的任何技术之前，做好准备活动也是非常重要的。所以我们要强调一下守备训练前的准备活动，请大家务必回顾我们之前所学的传接球的训练前准备要点。此刻，你已经准备了一个非常舒服的手套，掌握了如何调整脚步并在身体前方接球的技术。你也练习了从接球到传球的转换中如何握球，以及如何对准目标将球传到队友的胸部位置。那么，你现在已经准备好进入下一步训练了，让我们来了解如何在场上进行守备。

身体和心理准备

由于棒球比赛在每球之间存在局面暂停的情况，所以与其他运动相比，棒球算是慢节奏的运动。防守球员应该充分利用这个时间，清空头脑中的杂念，为下一球做好准备。我们经常在职业比赛中看到一些防守球员貌似东张西望、漫无目的地原地徘徊，其实此时他们脑子里正在飞快地运转，为下一个球做好心理上的准备。那么，他们在想些什么呢，为什么又要重新集中注意力呢？

让我们做一个实验，如果你将注意力集中在一个静止不动的球上，随着时间的推移，你的视线开始慢慢变得模糊，注意力就减弱了。最后，在球被扔出的时候，我们需要再一次调整眼睛，使注意力重新集中到球上。所以，初学者必须要逐渐了解并形成这个概念，这将是我们进行守备练习的基础。

接球前的专注力和心理准备

乐乐棒垒球的守备姿势是把双手放在膝盖上，身体成运动姿势。在乐乐棒垒球比赛中，你会发现他们一直保持这个姿势，除非球朝他们的方向飞过来。虽然这个姿势是不错的防守开端，但是我们希望能再提升一下。下面的训练技巧适用于初学者，尤其是刚参与训练或者夏令营的球员。

准备姿势

我们设计这个练习的目的，是让初学者明白应该在什么时候集中注意力，又在什么时候放松或者再一次集中精神。在整个运动生涯中，甚至是职业比赛中都可以使用这个方法。

当球被传出来的瞬间，身体就应该做好这个姿势。身体准备好，保持运动姿势，同时双手位于身体前方（图2.1），不要放于双膝。这个姿势可以使你快速向各个方向移动。

1. 双脚分开，与肩同宽，膝盖稍微弯曲。
2. 双手位于身体的前方。
3. 目视前方。

图2.1　准备姿势

错误

保持准备姿势的时间过长，或者时间不足。

改正

可以采用小碎步技巧，来调整接球时机。

小碎步技巧

小碎步技巧是保证进入运动状态和接球准备姿势的一种好方法（图2.2）。顾名思义，小碎步技巧是在接球前双脚不停地用小碎步来进行站位调整，这样做可以使身体保持在运动状态并可用最快速度做出反应。每次裁判员宣布"比赛开始"的瞬间，步频应该逐渐提升。

当投手出球时，守场球员应该迅速做好准备姿势，给自己充足的时间去观察球的飞行轨迹，然后伺机而动完成接球，但是在什么位置接球呢？我们要在"焦点圆"的位置把球接住。

焦点圆是一种让球员知道在什么时间和什么位置集中注意力的方法。我们从游击手开始介绍。

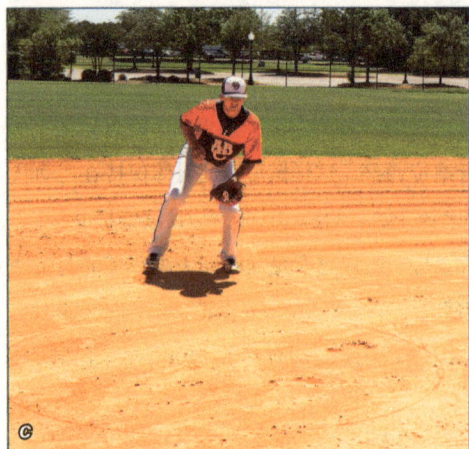

1. 在地面上画一个直径大约为3英尺到4英尺的圆或半圆（图2.2a）。这就是守场员接球的位置。球员站在圆后大约5英尺到10英尺的位置，做好准备。

2. 当投手投球时，守场员朝着"焦点圆"以小碎步或者慢步前进。弯腰形成运动姿势，双手位于身前（或至少手套手位于身前）（图2.2b和图2.2c）。小碎步可以使双腿保持移动，若是双脚站死会减慢球员的反应速度。用小碎步方式进入准备姿势会使防守球员双脚移动得更快，从而做出更加迅速的反应。

图2.2 小碎步

3. 投手做出投球动作或者球即将被投手投出时，守场员应该慢慢靠近圆。投手出手后，守场员在圆内小碎步调整脚步并保持准备姿势，准备接球（图2.2d）。此时，守场员处于做出迅速反应的最佳姿势。
4. 清空头脑，重置身体，如果没有局面发生，守场员应该短暂放松，重新调整心态，回到圆后的起始位置，为下一次接球做好准备。

图2.2　小碎步（续）

错误

由于未能把握小碎步前进的节奏和接球时机，导致未能及时进入防守位置。

改正

为了确保在投手投球后能够及时到达防守位置，可以计算一下接球所需的步数，通过反复练习可以弥补时机把握上的缺陷。

守备地滚球

作为一名守场员，你已经做到了在投球前集中注意力，快速做好准备姿势。接下来我们介绍场地守备技巧。先以游击手为例，了解如何守备地滚球。

有关地滚球防守技巧的练习，初学者应该遵循循序渐进的过程。在这一部分中，我们要学习选择合理的时机和方位去靠近球、接住球，并将球传出。首先我们要让身体习惯接地滚球时的站位。站位是接好地滚球的重点，因为当球飞来时，球员不但要移动接球，同时还要一直确保球在身体的正前方，防止球出现一些不规则的弹跳从身边穿过。随着训练的深入，球速会越来越快，守场员的守备动作也会随即连贯起来。

在开始训练之前，要了解一个很重要的概念。地滚球有很多种，是根据球与守场员的位置来定义的。在这一章节中，我们只是介绍了一些常见的地滚球种类，以便球员学习正确的站位和接球动作。在后面关于投手、外场手和内场手的章节中，我们会逐渐介绍针对专项位置的地滚球防守方法及相关练习。下面我们来了解不同类型的地滚球，以及相对应的防守位置。

- 常规球：直接正对防守球员的地滚球。
- 正手球：朝向防守球员手套侧的地滚球。
- 反手球：朝向防守球员传球的手一侧的地滚球。
  - 开放正手球：用反手接住，防守球员脚步没有交叉的地滚球。
  - 封闭正手球：用反手接住，防守球员脚步有交叉的地滚球。
- 短跳球：在接球距离外一点点，球轻微弹跳，球起跳瞬间被接到。
  - 正手短跳球：朝向防守球员手套侧的短跳球。
  - 反手短跳球：朝向防守球员传球的手一侧的短跳球。
- 砍跳球：球被击出后的反弹或弹跳幅度较高。一般发生在本垒附近的地滚球。
- 内场慢速地滚球：被触击或轻打，迫使防守球员需要向前防守的地滚球。
- 外场地滚球：被击向外场方向的地滚球。
- 投手地滚球：被击向投手附近的地滚球。

常规地滚球

常规球（图2.3）是一种典型的、最常见的地滚球，指直接击向防守球员身体，或者防守球员身体正前方直接面对的来球。加强对常规球的防守能力是成为一名高水平防守球员的基础。

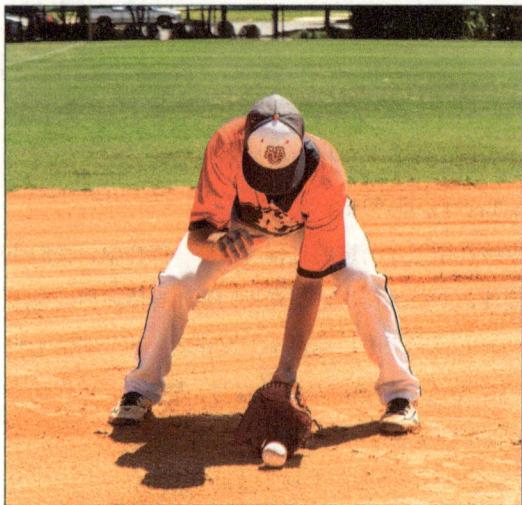

1. 首先采用三角姿势站位。所谓三角指双脚与手套手所形成的三角形（图2.3）。注意双腿向球的方向弯曲。身体放低，低头看球。手套在身体中线略微偏向手套侧。注意手套侧手臂的肘部和腕部要保持适度的弹性。
2. 接球瞬间，传球的手应位于手套上方，双手呈看似鳄鱼嘴的姿势，如图2.3中所示。

图2.3 常规地滚球

错误

腰部弯曲过度，导致身体不平衡。

改正

降低身体的重心。胸部保持在双膝之间。

守备训练1 三角姿势

教练或队友距离球员大约10英尺，向接手投出地滚球，用手套把球接住，同时用传球的手进行保护并做好转移球的准备（图2.4）。放松，然后重复练习。

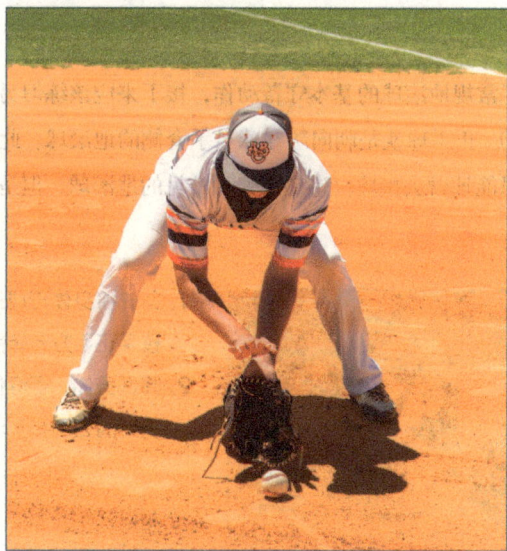

图2.4 三角姿势训练

增加难度

- 练习的时候，可以不用手套，采用徒手接球以确保技术动作正确。

降低难度

- 让防守球员膝盖着地完成动作，集中体会手和手套的配合。
- 教练拉开距离，在远一点的地方击出地滚球。

成功的标准

- 防守接球动作干净利落，球被接住，没有从手中掉落。
- 在整个接球动作中，保持三角形姿势。
- 用手套将球接住，同时快速转换为投球姿势。也就是说，当你向着来球方向用手套接球时，眼睛要注视球，不要偏离球。
- 接球后，用传球的手去保护球。

给自己的训练打分

重复10次。

按照三角形接球的动作要求，每成功接到球一次得1分。

没有以三角形姿势做出接球的动作，手套没有接到经过身下或者两脚之间的球，或者在接球时眼睛没有看球，每次得0.5分。

你的得分_____（10分）

正手地滚球

如果你已经掌握了常规地滚球的基本守备动作，接下来应该练习另一种地滚球——正手球方向的来球（图2.5）。正手球就是朝向防守球员手套侧的地滚球。此时，因为接手无法用身体去正对球，所以只能伸臂去接球。这是第二种常见的地滚球，但是要比常规地滚球稍难防守一点。

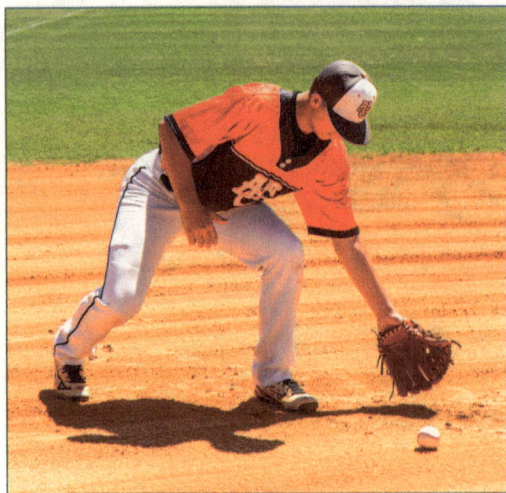

图2.5 正手地滚球

1. 首先将身体形成三角防守姿势，双脚朝接手正手方向转移。
2. 降低身体，手套位于脚的外侧。同时双腿如图2.5所示，形成A形。

错误

重心太高，导致很难接到球。

改正

双膝充分弯曲，使身体更靠近地面。同时确保身体有更大的伸展空间，达到最佳防守位置。

守备训练2　正手地滚球

与队友距离约10英尺，队友向你的手套侧投出地滚球，以便你体会正手球防守的正确动作（图2.6）。用手套接住球，放松然后重复练习。

图2.6　正手地滚球训练

增加难度

- 练习中可以不用手套，采用徒手接球，以确保技术动作正确。

降低难度

- 让防守球员膝盖着地完成动作，集中体会手和手套手的配合。
- 教练拉开距离，在远一点的地方击出地滚球。

成功的标准

- 接球动作干净利落，球被接住，没有从手中掉落。
- 在整个接球动作中，保持正手接球的姿势。
- 用手套将球接住，同时快速转为投球的姿势。

给自己的训练打分

重复10次。

按照正手接球的动作要求，每成功接到球一次得1分。

接球的位置错误，但仍能接到球，每次得0.5分。

接球后手套向后提拉，每次得0.5分。

你的得分_____（10分）

反手地滚球

反手地滚球就是朝向防守球员传球的手一侧的地滚球。防守球员可以使用两种不同的方法去守备，开放式反手或者封闭式反手。

这两种方法都可以用于守备反手地滚球。首先介绍第一种方法，将手套反转，朝向地面，手套位于后脚的前方（图2.7），双腿是打开的状态，这就是开放式反手动作。这种方法一般用在来球在你的反手边和身前可以轻松覆盖到的地方。

封闭式反手方法适用于防守朝着防守球员反手方向，且距离相对较远的地滚球。因为在接球时身体为封闭状态，所以把这种防守方式称为封闭式反手（图2.8）。

1. 按照三角姿势站好，双脚转向手臂侧。手套位于后脚的前方（图2.7）。
2. 双腿再一次呈A形。

图2.7 开放式反手地滚球

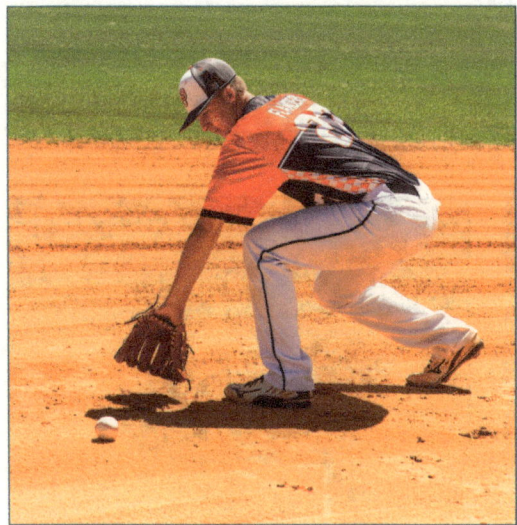

1. 类似开放式反手球站位。双脚交叉位置，手套侧的脚移动到反手侧，把身体转过来背对来球方向。（虽然防守球员身体方向反转了，但是手上的接球动作与开放式反手的动作相同。）注意双腿呈A形（图2.8）。

2. 将手套反转，朝向地面，放在前脚的外侧。

图2.8 封闭式反手地滚球

错误

防守球员的头部或手套距离地面太高。

改正

防守时，手套一定要几乎紧贴在地面上，腿部保持适度的弹性，视线集中在所防守的球的位置上。

错误

球在身体中间的位置被接住。

改正

对接球的时机进行适当地调整，确保球在前脚的前方被接住。

守备训练3 开放式反手球

　　与队友距离大约10英尺，队友将球滚向防守球员。双腿成运动姿势，重心稍微偏向后腿，保持身体平衡。当球接近时，用手套将球接住（图2.9）。放松，并再次练习。

图2.9 开放式反手训练

增加难度

● 教练或队友可以在距离较远的位置向接手击出地滚球。

降低难度

● 直接喂球到接球点，让防守球员原地做守备动作。

成功的标准

● 接球动作干净利落，球被接住，没有从手中掉落。
● 在整个接球动作中，保持开放式反手接球的姿势。
● 用手套将球接住。

给自己的训练打分

重复10次。

按照开放式反手接球的动作要求，每成功接到球一次得1分。

接球位置错误，但仍然把球接到，每次得0.5分。

接球后手套向后提起，每次0.5分。

你的得分_____（10分）

守备训练4 封闭式反手球

与队友距离大约10英尺，队友将球滚向防守球员。双腿成运动姿势，重心稍微偏向后腿，保持身体平衡。当球接近时，用手套将球接住（图2.10）。放松，并再次练习。

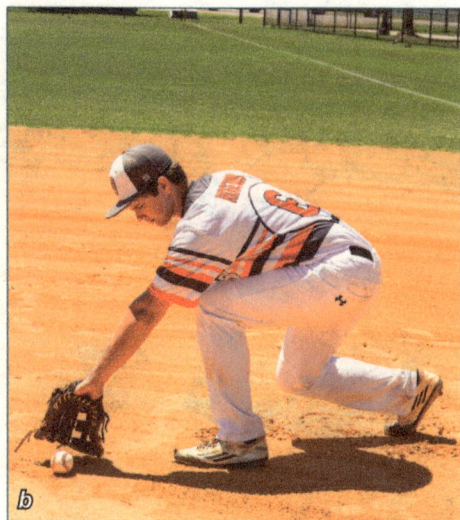

图2.10 封闭式反手训练

增加难度

● 教练或队友可以在距离较远的位置向接手击出地滚球。

降低难度

● 用封闭式反手动作来对球进行防守，也可以在动作中加入一些适当的脚部动作。

成功的标准

● 接球动作干净利落，球被接住，没有从手中掉落。
● 在整个接球动作中，保持封闭式反手接球的姿势。
● 用手套将球接住。

给自己的训练打分

重复10次。

按照封闭式反手接球的动作要求，每成功接到球一次得1分。

接球位置错误，但仍然把球接到，每次得0.5分。

接球后手套向后提拉，每次得0.5分。

你的得分_____（10分）

短跳球

大部分地滚球不会沿着地面平稳滚动，它们会跳跃。在某些情况下，防守球员需要在球两次跳跃之间，或者在球落地反弹瞬间将球接住。因此作为一名守场员，必须要学会运用图2.11a和图2.11b所介绍的正手动作和反手动作来守备短跳球。

1. 对于短跳球的守备，防守球员必须按照之前所介绍的位置和脚步进行移动和守备。

2. 当确定球是短跳球后，防守球员必须调整手套的方向，主动向前迎向球的弹跳路线把球接住。这是避免近身接球的有效方法。因为球离身体越近越难接到。

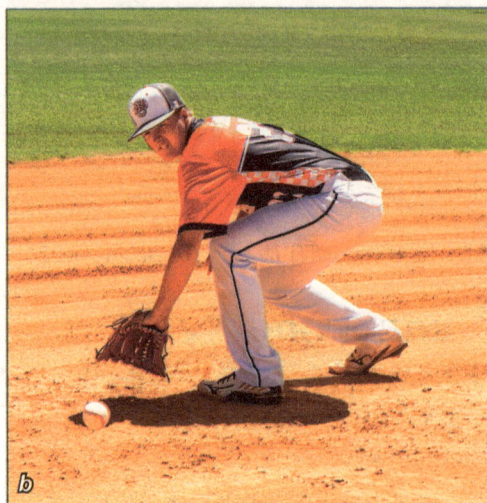

图2.11 短跳球

错误

防守球员企图用接常规地滚球的方式去接球，即防守球员没有主动上前处理球的弹跳。

改正

主动上前迎球，即迅速用手套对准球的弹跳路线，然后主动向前把球接住。

守备训练5 短跳球

对于短跳球训练，防守球员需要按照前面介绍的守备训练再一次进入防守位置。这次队友不抛地滚球了，而是扔出短跳球。（在这个训练中，增加你与队友之间的距离。）

1. **三角姿势**：正对身体的短跳球（图2.12a）。
2. **正手位置**：短跳球朝向正手侧（图2.12b）。
3. **开放式反手位置**：短跳球朝向开放式反手侧（图2.12c）。
4. **封闭式反手位置**：短跳球朝向封闭式反手侧（图2.12d）。

图2.12 短跳球训练：a. 三角姿势；b. 正手位置

图2.12 短跳球训练（续）：c. 开放式反手位置；d. 封闭式反手位置

增加难度

- 教练或队友可以在距离稍远的位置向接手击出地滚球。

降低难度

- 缩短防守球员与球的距离，让他们膝盖着地完成动作，使其将注意力集中在手套动作上。

成功的标准

- 每个位置的训练都一定要保持身体平衡，注意手套的动作，一定要用手套的正确位置将球接住。接球时灵活运用腕部，这对于防守球员来说也很重要。
- 球员应该每天重复练习。我们再一次强调，防守短跳球的能力并不是一种天赋，而是反复练习的结果，所以球员要每天针对短跳球的防守进行单独练习。

给自己的训练打分

每组动作重复10次。

短跳球防守训练，四个位置的计分方法相同，每成功一次得1分。

三角姿势得分_____（10分）

正手位置得分_____（10分）

开放式反手位置得分_____（10分）

封闭式反手位置得分_____（10分）

你的得分_____（40分）

砍跳球

砍跳球的第一次弹跳往往发生在本垒附近，所以它的跳跃幅度要高于其他地滚球（图2.13）。砍跳球常常在跳跃几次后才会被防守球员接到，缩短了防守时间，所以往往会造成一垒的传杀争议判罚。

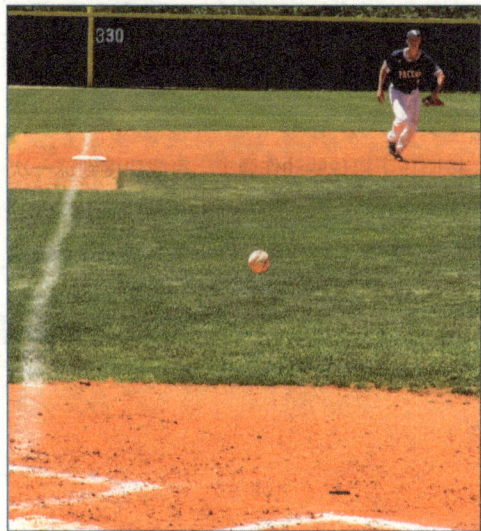

1. 当判断来球是砍跳球后，防守球员应立刻跑向球。
2. 在理想情况下，防守球员应在腰部以上，偏手套侧的部位来接球。
3. 掌握合理的接球时机，尽量在腰部以上接球，不要让砍跳球变成短跳球以后才来接，这样会增加接球的难度。

图2.13 砍跳球

错误

将砍跳球当成短跳球来守备。

改正

主动积极地跑动，快速跑向球与地面接触的位置。主动向球靠近，能够更容易接住跳起的球。

守备训练6　砍跳球

　　守场员可以在内场开始练习，教练将球抛向球员或者击向球员，守场员用正确的动作接住球。由于砍跳球是一种特殊的地滚球，防守球员需要通过识别才能用正确的动作来处理，因此我们认为没必要增加砍跳球的训练难度。相反，我们应该让球员在真实比赛的情况下去识别判断这种球，并进行正确的处理。

成功的标准

- 防守球员应积极跑向球的位置，掌握合理的时机，运用正确的动作，在球跳得很高的情况下接住球，而不是让球变成短跳球以后接球。
- 接球动作干净利落，球被接住，没有从手中掉落。
- 在整个接球过程中，保持正手接球姿势。
- 用手套接球。

给自己的训练打分

重复10次。

按照正手接球的动作要求，每成功接到球一次得1分。

在腰部以下部位接到球得0.5分。

你的得分_____（10分）

内场慢速地滚球

　　相对于其他常见的地滚球，内场慢速地滚球距离本垒板更近，球的节奏也更慢（图2.14）。这是一种最难防守的地滚球，因为接球需要一定的精确性。

图2.14　内场慢速地滚球

1. 当防守球员判断来球为慢速地滚球时，需要积极迅速缩短与球之间的距离。
2. 防守球员接近球时，需要放慢速度，确保能控制自己的身体。
3. 接球的同时，防守球员应该弯腰，用手套侧接球。
4. 如果防守球员接球后要将球传出，应保持在弯腰状态下把球传出。

错误

接球动作不干脆或者在离脚太近的位置才把球接住。

改正

接球时，一定要确保腰部充分弯曲并用双手技巧去接球。

守备训练7　慢速地滚球

在练习防守慢速地滚球时，两名防守球员的距离约为20英尺。一名防守球员向另一名队员传出慢速地滚球。接球队员弯腰，用手套手接球。然后双方交换角色，重新练习。

增加难度

● 增加练习的距离，并改变传球的方向（例如向防守球员的右侧或者左侧投球，不要使每一个球都正对防守球员）。

降低难度

● 防守球员提前屈体做防守姿势，向其投出慢速地滚球，防守球员接球时，用传球的手保护球。

成功的标准

● 接球动作干净利落，球被接住，没有从手中掉落。

● 接球过程中保持屈体。

● 投球的手位于戴手套的手的正上方。

给自己的训练打分

重复10次。

在保持屈体姿势的情况下，将球接住得1分。

接球位置错误，但仍然把球接到，每次得0.5分。

如果接球时，投球的手没有位于手套的上方保护球得0.5分。

你的得分_____（10分）

外场地滚球

外场地滚球是指进入外场区域前已经着地的球，防守外场地滚球的关键在于防守球员要保持对身体的控制，接球的过程不要操之过急。防守球员可以采用3种不同的方式来防守外场地滚球，分别为单膝跪地式（图2.15）、内场三角式（图2.16）以及孤注一掷式，即在身体的前方，远离手套侧脚的位置接球（图2.17）。

图2.15 单膝跪地式

1. 当局面只需要防守球员接住球后轻松回传给内场队友时，可以采用单膝跪地的方式来守备这种外场地滚球。
2. 外场手的身体必须正对来球，以便在身体中线附近将球接住。
3. 手套侧的腿屈膝，传球的手一侧的腿单膝跪在地面上。
4. 身体前面接球，传球的手位于手套上方。

图2.16 内场三角式

1. 当面对速度快的跑垒者，或者当局面要求防守球员接住球后迅速回传给内场时，我们需要采用内场三角这种技术动作。
2. 首先采用三角姿势站位。所谓三角指的是双脚与手套手所形成的三角形（图2.16）。注意双腿屈膝朝向球。降低重心，低头看球。手套在身体中线稍微偏向手套侧。注意手套侧手腕和肘部保持弹性。
3. 传球的手位于手套正上方护球，双手姿势像鳄鱼张开嘴巴，如图2.16的位置处。

图2.17　孤注一掷式

1. 当需要积极防守，并将球立刻传回内场的局面时，我们就要采用孤注一掷这种技术动作来进行防守。

2. 这种技术动作要求缩短接球和传球的转换过程。

3. 外场手需要积极并迅速地缩短与球之间的距离。

4. 外场手弯腰向前探出身体，在手套侧脚的前方将球接住，同时传球的手处在腰部附近的位置，做好传球准备。

5. 然后外场手立刻用鸦式跳传的方式，将球传出。

守备训练8　外场地滚球

两名球员在外场向对方投出地滚球，并且按照上面所介绍的3种不同的方式轮流接球，使他们能够分别练习3种不同的防守动作。

增加难度

- 可以适当增加传球与接球的距离，或者让队友用球棒向防守球员击出地滚球，不用手投球。

降低难度

- 练习外场球的防守动作，不增加任何脚步动作，仅仅接到球就算达标。

成功的标准

- 接球动作干净利落，球被顺利接住，没有从手中掉落。
- 接球时，要确保手套姿势正确。

给自己的训练打分

重复10次。

采用正确的动作，每成功接到球一次得1分。

接球位置错误，但仍然把球接到，每次得0.5分。

你的得分_____（10分）

投手地滚球

当投手向本垒完成投球动作之后，投手的角色立刻变成场上的一名内场守场员。所以对于投手来说也要学习基本的守备技巧。投手应该像其他内场手一样，知道如何防守地滚球，并应该掌握前文所介绍的防守地滚球的基本动作（图2.18）。在防守方面，投手与其他内场手最大的区别在于投手进入防守位置的姿势。因为投手无法采用小碎步技巧进入防守姿势，所以必须要在结束投球动作后，迅速进入相对运动姿势来进行防守。

练习投手地滚球的时候，投手应该站在投手板上完成无球的投球动作。完成投球动作后，教练或队友向投手投掷地滚球，投手像其他内场手一样对地滚球进行守备。防守各种地滚球的基本技术和动作，以及技术要求与其他内场手是相同的，只不过投手不能通过小碎步技巧准备防守，而是立刻进入防守姿势进行防守。

图2.18 投手地滚球

1. 当投手向本垒完成投球动作后，身体应正对本垒，即双脚正对击球者，膝盖弯曲，进入准备防守的姿势。
2. 手套的位置与其他内场手一样，位于身体前方中心处。
3. 投手应降低身体重心，并保持这个姿势完成接球。因为投手板会改变地滚球的弹跳和方向，如果不降低重心去接球，会很难接住。

防守地滚球的脚步动作

防守球员接球时，合理的步法和节奏是成功持续守备地滚球的关键。合理的步法和节奏会使防守球员能够到达正确的位置去接球，创造足够的时间和动作惯性去把球传给目标。不合理的脚步动作会大大影响防守的成功率和传球的准确性。所以，如果没有合适的步法和节奏，是不可能成功防守地滚球的。

当防守球员接近球，并准备接球时，双脚一定要持续移动。步法根据球的路线决定。接球时正确的步法是首先右脚着地，然后接球，接球后左脚着地。

守备训练9　加入脚步移动

准备好合适的守备姿势，再加上一些脚步动作的练习。现在将你与队友之间的距离增加至20英尺到30英尺。你需要小碎步进入焦点圆，当做好防守准备后，队友向你投出地滚球。球在滚动时，需要迎着球滚动的方向跑动并把球接住，然后迅速将球从手套中转换到手中，再传到目标位置处。以下是训练的方法。

1. 常规地滚球：三角姿势（图2.19a）。
2. 正手地滚球（图2.19b）。
3. 开放式反手地滚球（图2.19c）。
4. 封闭式反手地滚球（图2.19d）。

在上面每一项训练中，我们要学习相对应的脚步动作以及技术要领。原地练习，可以让球员着重体验接球时正确的身体姿势。但是如果要增加防守地滚球的成功率和稳定性，就需要加入脚步的移动。稳定守备的核心要素是时机，同样的守备技术加入脚步移动以后能大幅提升守备稳定性。

防守球员在接球时，需要将身体姿势和脚步移动相结合来抓住最佳的防守时机。正如我们之前所说，绝大部分地滚球在场地上都不会沿着地面平稳地滚动，所以防守球员接球的时候球是在跳动的。为了成功防守地滚球，防守球员必须将脚步移动与球的运动相结合，在合适的时机和位置接住球。

1. 对于上述4种防守方式，球员首先需要小碎步进入焦点圆，球被击出时，认真观察球的运动线路，以及球在运动过程中的跳跃情况。
2. 在接球之前，防守球员要稍稍先于球到达接球位置，并做好接球准备姿势。
3. 接球之后，仔细核查站位。确认接球位置的是否合理。
4. 放松，退出焦点圆重复练习。

难度的增加或降低

- 我们可以通过调整球的速度，以及防守者的移动速度，来增加或降低训练的强度和难度。

图2.19 加入脚步移动训练

成功的标准

- 在正确的位置接球。
- 在做出接球动作之前，先到达合适的防守位置。
- 用手套接球。

给自己的训练打分

每组动作重复10次。

如果没有在最恰当的时机将球接住，每一次得0.5分。

三角姿势得分_____（10分）

正手地滚球得分_____（10分）

开放式反手地滚球得分_____（10分）

封闭式反手地滚球得分_____（10分）

你的得分_____（40分）

换手并准确传球

能够把球干脆地接住，只是完成了一半的防守任务。把球从手套转移到传球的手中，用脚步调整身体的传球方向并准确地把球传到指定垒位也同样重要（图2.20）。

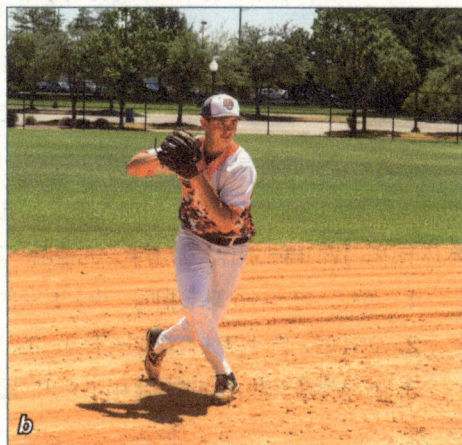

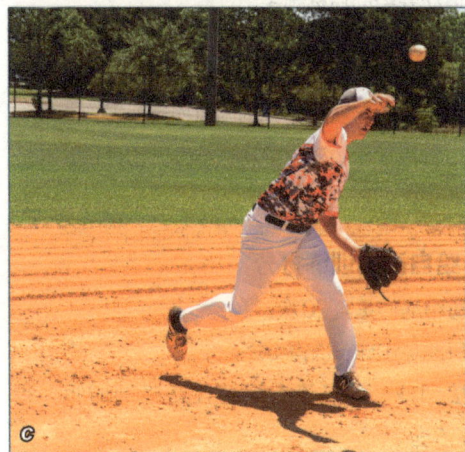

1. 接球后（图2.20a），将球从手套内转移到传球的手中，并将球投出。
2. 按照之前先右后左的步法接球，然后在身体的中心位置将球从手套中转移到传球的手上（图2.20b）。
3. 在球转移的过程中，防守球员的脚步朝向目标方向并持续向目标方向移动。同时，肩部也要朝向目标。脚步持续移动可以保持动作向前的惯性，并转化为一个有力的传球（图2.20c）。

图2.20 转移并准确传球

错误

无法准确地，或者没有用力将球传向目标。

改正

脚步要持续向目标方向移动，双肩对准传球的方向。

守备训练10 转移并准确传球

在之前设计的所有训练中，我们已经反复强调如何使用手套接球。现在，我们在接球的整个过程中加入了脚步的动作。在加入脚步动作之后，整个传接球的节奏会使动作更加流畅。在本环节中，我们再一次作为游击手，先重温一下前面所提到的4种不同的守备姿势。

1. 首先，与上一个环节相同，进入合适的防守位置并将球接住。

2. 接球后，原地停住，观察一下自己的动作。

3. 球从手套转移到传球的手中（采用四缝线速球握法），与此同时把双脚和身体调整至一垒方向。

4. 保持脚步的持续移动，重心降低，身体成运动姿势向目标出手。

5. 放松，重复刚才的练习。

成功的标准

● 开始训练时，你可以在接球后将动作暂停。这种暂停的方式，能深刻体会球的转移过程，以及传球时身体和脚步的配合。动作熟练后，你可以加速并使其更加流畅。要把动作做好，做动作的过程中一定要保持脚步的持续移动，每个垒位方向都要练到。这个动作需要掌握好时机和身体的协调性，因为需要脚、身体、手套和球一起同时配合才能完成。

● 传接球移动当中，尽量保持身体重心低一点，不要中途抬起，否则会影响接球时机的把握和动作的流畅性，甚至造成失误。最后，一定要记住，相信自己对时机的判断，并且一定要在身体的前方接球。每次重复训练后放松，对之前动作结果做出评价，并反思如何改进。

给自己的训练打分

每组动作重复20次。

每成功接球一次得1分。

接到球，但是没有把握住正确的时机，得0.5分。

每一次成功将球传给一垒手得1分。

三角姿势得分_____（20分）

正手地滚球得分_____（20分）

开放式反手地滚球得分_____（20分）

封闭式反手地滚球得分_____（20分）

你的得分_____（80分）

高飞球的守备

我们已经详细地介绍了一些典型的地滚球守备技术，现在你应该能够熟练地移动身体去接地滚球了，并且能够自信地接住球后再将球传出。但是对于一名防守球员来说，你会面对各种类型的击球。所以下面我们把注意力转移到针对高飞球的防守。

虽然接球动作没有地滚球复杂，但是要接住高飞球并不简单。在高水平的比赛中，击出的高飞球常常被认为是最容易的接杀出局方式（这一点我们以后会在进攻的章节中再次提到）。我们知道虽然接地滚球需要进行一系列接球动作后还要把球传出去，而接高飞球只需把球接住即可，但是尽管如此，对于初学者来说，防守高飞球还是比较有挑战性的。在本环节中，我们会详细介绍防守高飞球的基本动作，为初学者提供有针对性的练习方法，并且针对具体位置的高飞球防守，提供一些指引。

让我们回顾之前有关接球的内容。在接球时，眼睛必须一直盯住球的运行轨迹，直到球进入手套中。我们也介绍过运用拇指对拇指的姿势去接球。在高飞球的防守过程中，同样也要运用这两个关键技术。下面说一下该如何运用这两个接球要素。

和正常接球一样，追踪高飞球需要有一定的预判，眼睛要一直盯住球。要做到这一点，需要你掌握球被打到空中时正常的飞行路线。首先我们以常规的后旋式高飞球为例，这种球的飞行路线很简单，一般是直上直下。第二种是上旋式高飞球，这种球会在飞行到最高点时下落，下落的角度比较犀利。我们会在后面详细介绍上旋球和后旋球的特点。

在开始针对高飞球进行防守训练之前，我们要给初级阶段的球员一些建议。

第一，要时刻保持球在身体的前方（图2.21a）。青少年球员常常会选择在头部上方偏后的位置接球，这种方法会使球落在身后造成失误。在能够熟练掌握球的飞行路线后，他们自然就会调整到正确的接球位置。

第二，接球时一定要保持拇指对拇指的姿势。我们非常建议球员用这种双手姿势去接球，只是接球点稍微往手套侧偏移一点（图2.21b）。球员在接球时，要保持双脚前后站立的姿势，手套侧的脚位于另一只脚的前面。初学者接球时双腿往往习惯性站直和僵硬，要慢慢改正。

为了让初学者能够掌握高飞球的守备技术，可以在训练中使用网球或垒球。这会增加初学者的信心，因为球员不用担心被棒球砸到。防守球员要时刻保持身体朝前并正对来球，所以一旦高飞球出现时，防守球员的第一个反应应该是向后撤步。

1. 外场手守备高飞球的第一个动作一定要向后撤步，以确保球在飞行的时候一直位于身体的前方。
2. 当球接近外场手时，其应该将手套张开，位于肩部位置处。
3. 传球的手放在手套侧形成拇指对拇指的姿势。
4. 外场手接球瞬间，身体保持在球的后方。然后，要像内场手一样，利用身体惯性顺势向前，用力将球传出。

图2.21　高飞球守备技巧

守备训练11 常规高飞球的守备

教练或队友距离防守球员60英尺到90英尺，向防守球员投掷高飞球。如果用网球来练习，用网球拍可以很容易将球击到高空。如果用棒球，这种距离只能用手扔球。当球在空中飞行时，防守球员开始移动，注意确保球在身体前方。要做到这一点，需要球员仔细观察并判断球的飞行路线。当防守球员到达防守位置时，应用双手技巧将球接住。虽然我们在防守高飞球时，不必以小碎步行进的方式进入接球区域，但是我们应该用较小的步伐移动到接球位置。放松，并重复练习。

为了熟练掌握高飞球技巧和熟悉球的飞行路线，可以多次重复这个训练。当防守球员可以自如运用高飞球的守备动作后，建议采用真正的棒球进行训练，并增加距离。在训练中，可以用机器或者教练击球来制造高飞球（相关的技术动作会在外场训练的内容中做详细介绍）。

增加难度

- 教练或队友可以增加投球的距离，或提高球的高度，来增加防守球员的防守难度。

降低难度

- 教练或队友可以缩短投掷的距离，或将球直接投向防守球员。

成功的标准

- 正确判断球的飞行轨迹，移动时要保持球在身体的前方。
- 用正确的动作接住球。

给自己的训练打分

重复10次。

保证在球的前方接到球，每成功一次得1分。

在高飞球防守训练时，第一步动作后撤。每一次得0.5分。

你的得分_____（10分）

总结

学习防守的基本技术，对于球员来说可能是一个枯燥的过程，但是我们认为，让球员掌握正确的防守动作非常重要。在本章结束时，你应该已经能够灵活地移动身体来守备地滚球和高飞球；同时还学会了利用每球之间的暂停时间，重置思绪，保持专注度。此时，你甚至已经具备纠正和弥补接球时机的能力了。为了促进我们的进步，让我们回顾一下之前所学过的内容并给自己打分。

防守训练

1. 三角姿势得分　　　　　　　　　　　　＿＿＿＿＿＿（10分）
2. 正手地滚球得分　　　　　　　　　　　＿＿＿＿＿＿（10分）
3. 开放式反手球得分　　　　　　　　　　＿＿＿＿＿＿（10分）
4. 封闭式反手球得分　　　　　　　　　　＿＿＿＿＿＿（10分）
5. 短跳球得分　　　　　　　　　　　　　＿＿＿＿＿＿（40分）
6. 砍跳球得分　　　　　　　　　　　　　＿＿＿＿＿＿（10分）
7. 慢速地滚球得分　　　　　　　　　　　＿＿＿＿＿＿（10分）
8. 外场地滚球得分　　　　　　　　　　　＿＿＿＿＿＿（10分）
9. 加入脚步移动得分　　　　　　　　　　＿＿＿＿＿＿（40分）
10. 转移并准确传球得分　　　　　　　　　＿＿＿＿＿＿（80分）
11. 常规高飞球的守备得分　　　　　　　　＿＿＿＿＿＿（10分）
   总得分　　　　　　　　　　　　　　＿＿＿＿＿＿（**满分240分**）

如果你的总得分高于205分，那么恭喜你，你已经掌握了防守的基本动作要领，可以开始下一章的学习和训练。如果你的总分低于180分，那么你需要重复练习，并注意身体动作的正确性和防守时机的把握。

第3章

投手投球

众所周知，棒球运动的焦点集中在三个方面：进攻、防守和投手投球。本书针对进攻和防守的知识，主要通过介绍相关的基本技术来展开叙述。第1章和第2章主要介绍防守方面的基本知识，在后面的章节中我们还会做进一步详细的介绍。第5章和第6章主要介绍关于进攻的基本知识。现在让我们换一个话题，把注意力集中到棒球运动的第三个方面——投手投球。

投手投球是内容最丰富的研究课题。事实上，关于投手投球的内容可以专门写一本书。但是本书的目的是为球员走向棒球成功之路打下坚实的基础。为了保持本书的初衷，我们尽量把重点放在投球的基本技术上。同时，考虑到目前关于投手投球最热门的话题集中在手臂的护理与维持。而且现在很多家长，以及教练也都非常关心这个内容，所以在本章中我们会适当涉及一下相关话题。在详细讲解投球之前，我们先介绍一下其他内容。先看看本章如何来分步学习投球技术。

投手投球技术以及投手的个人发展由很多不同因素共同组成。在投球方面我们首先介绍各种类型的投球方法，以及相应的握法，接着会详细介绍投球动作。然后再来讨论好球区、抓出局、进攻击球员，以及心理因素等方面。最后介绍作为场上第9名球员，投手需要掌握哪些守备技巧。

握法：不同球种握法

在开始学习之前，必须讨论一个非常重要的话题，尤其是父母和教练极为关注的话题，即手臂的健康。鉴于做韧带重建手术的人数明显增加，因此，我们必须要重视各年龄段的手臂健康。我们希望读者要明确一点，如果想取得棒球的成功，一定要循序渐进，绝对不能操之过急。我们经常看到一些父母或者教练努力加速球员的成长，想让球员尽快获得成功。但是对于投手，特别是年轻的投手来说，这是一种危险的尝试，也是一种错误的做法。

如前所述，在头部上方投掷棒球，对于身体而言，本来就不是一个身体自然的动作。如果在整个运动生涯中不断重复这种动作，会对肘部、肩部以及周围的韧带组织带来不同程度的损伤。所以我们需要长期不断地重复训练投球的手臂，使其能够适应这种动作，并保持手臂的健康。很多青少年比赛中，已经制定了专门保护手臂的规则，年轻投手的手臂健康和保养已经成为大家关注的焦点。我们担心的是，即使有这些保护性的规则，很多年轻球员依然试图投出一些高级球种，这种投球对手臂，甚至对成年人的手臂都有很大的负担。所以我们建议父母和教练，要关注年轻球员的发展过程，不要让年轻球员的投球超出自己手臂的承受范围。即使年龄较大的年轻球员，也不能一个滑球接一个滑球的投，手臂是无法承受的。

作为一名大学棒球队的教练，当我们招募一名投手时，要考虑很多不同的因素。作为父母，必须明白当你的孩子未达到驾驶年龄时，是不可能参加大学或者职业级别的比赛的。所以青少年棒球应该以娱乐和学习为宗旨，在娱乐中学习正确的棒球动作和如何进行比赛。的确，棒球本身是一种竞技性很强的运动，但是绝对不能以牺牲健康为代价，拔苗助长的短期求胜将会毁掉孩子的棒球未来。大学球队或者职业球队的球探在考察年轻投手时，会考虑很多不同的因素。但是若是一个12岁的孩子能够投出极出色滑球，这绝对不会是球探所关注的重点。

这些球探考察一名大约16岁的投手时，往往更关注投球的动作。投手每一次投球动作的稳定性和流畅性也是重要的考察因素。那么稳定性又源于哪些因素呢？在介绍变速球之前，我们需要强调直线速球以及投球动作的重要性。棒球运动中最好的球种，就是一个干净利落的直线速球。如果投手能够在本垒的两侧都投出高质量的直线速球，这足以让他脱颖而出。记住，直线速球是所有球种的基础。

那么，我们为什么要投出其他类型的球种呢？对于击球者而言，把握击球的时机是打击技术的核心要素。有些棒球专家认为，投手的任务就是破坏击球者的打击节奏。变速球就起到了这样的作用。用同样的手臂动作投出不同的球种，这是球探评价投手水平的另一标准——投球的迷惑性。我们在第1章中已经介绍了四缝线速球和二缝线速球，下面将介绍其他类型的投球，来丰富你的"武器库"，让你的投球更具迷惑性。

变速球

无论什么水平的比赛，变速球都是一种非常重要的球种，原因是变速球的手臂动作与直线速球的手臂动作一模一样。对于青少年球员来说，变速球可以在保护手臂的前提下迷惑对方，同时还不需要像投滑球或曲线球那样去冒险扭曲手臂。即使在高水平的比赛中，变速球的这种优点也依然存在。随着人们越来越注意保护投手的手臂，变速球再一次被人们所热衷。

变速球是一种能够破坏击球节奏的投球方法。与其他变化球不同的是，变速球投球时与直线速球的手臂动作是完全相同的，只是球的握法不同而已。这种握法会使球的速度降低8英里/时（1英里/时约为0.45米/秒）到15英里/时，通过速度上的落差来迷惑击球手。变速球出手瞬间的初始旋转方式与直线速球极为相似，所以击球手很难做出正确的判断。图3.1是两种不同的变速球握法，指圈变速球握法（也被称为"OK球"握法）和三指变速球握法。

指圈变速球握法

1. 在球的侧面，将拇指与食指接触形成一个圆圈，或者OK手型。

2. 中指和无名指穿过马蹄形区域的缝线。

3. 小拇指位于球的侧面。

三指变速球握法

1. 食指、无名指和中指穿过马蹄形区域的缝线。

2. 大拇指和小指位于球的下面。

图3.1　变速球的握法

变速球的投球技巧就是对出手点的掌握，以及对握法的感觉。无论哪一种握法，变速球的飞行轨迹应该与直线速球一模一样。当球接近目标时，球会出现一个微弱的向下滑动，有时候也会出现外飘或者内切。击球手描述面对变速球的感觉为，当球快要到达目标时，好像有一条绳子将球向后拉了一下。

投好变化球的基础是直线速球，尤其是变速球。我们强烈建议在训练年轻投手变化球的时候，先学习这种投法。

卡特球

卡特球又称内切速球，是在变速球之后，应该学习的第一种变化球。卡特球是介于直线挥臂和扭臂投球中间的球种，是学习更高级的变化球之前的不错选择。下面我们就学习卡特球的握法（图3.2）。

投出卡特球所需要的挥臂速度与直线速球一样。因此，卡特球的球速不要比直线速球低太多。卡特球的旋转速度很强，内切（即球因旋转而产生的平移）幅度小而且时机要晚一点。卡特球的出手点要略微旋转手。当你熟练以后，尝试将手多转一点再出手，按照如图3.2所示的那样。你可以想象一下，出手时的感觉好像用力往下拉一下绳子。通过在出手点略微旋转手，会产生球的侧旋，从而使球在目标处形成急速的内切。记住，要点是要以直线速球的速度，保持强烈的旋转，产生小幅度的内切效果。这个球种的关键在于出手点动作的把控和感觉。

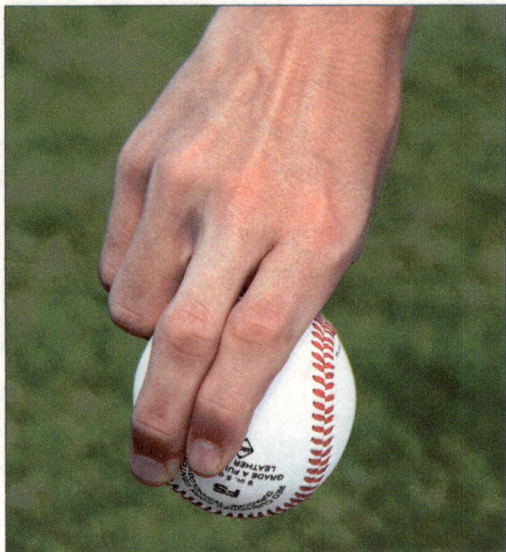

1. 将食指和中指并拢，中指位于缝线上。
2. 大拇指位于球的下方，或者斜下方的缝线处。

图3.2 卡特球的握法

滑球

在卡特球的基础上，现在来了解更为高级的球种——滑球（图3.3）。我们再一次强调，滑球的力学原理也源于直线速球，包括两种理论，其中一种我们会在下一章中详细介绍，现在先介绍另一种理论，即投球时的发力动作。

不同年龄的投手，投变化球的动作是不同的，造成的原因有很多。有些投手会为了增加变化球的变化幅度而用身体过度发力，有些会因为觉得某变化球动作不舒服主动去放慢挥臂速度，甚至还有一些为了某一球种改变挥臂动作和降低手臂发力角度的。无论如何改变，只要这些变化不遵循正常的发力规律，都会给投手的手臂增加额外的压力，影响投球效果。

投变化球时，唯一可以改变的是：握法、手型和手腕。回想一下卡特球，我们仅仅提到了握法的变化，以及出手时轻微地转动一下手。在投滑球时，手转动的范围要再大一点，转动的时机也要稍微再早一点。滑球的球速较卡特球慢，但是球的移动幅度更大。一个成功的滑球，会在接近目标时尽可能晚一点出现从一侧滑行到另一侧的动作。有的滑球还可能同时出现向下的移动，产生立体变化，形成我们经常提起的变化纵深的概念。

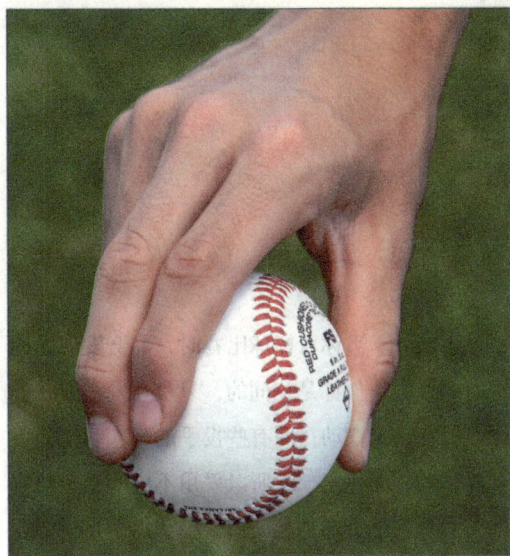

1. 将食指和中指并拢，中指位于球的缝线上。
2. 大拇指位于球的下方，或者斜下方的缝线处。
3. 球应该被手指夹紧，而不是将球整个握住。

图3.3 滑球的握法

曲线球

随着投球水平的提高，你现在应该能感受到在投不同球种时的出手感觉，并且能够主动控制球的变化幅度。在此基础上，下面我们介绍曲线球（图3.4）。曲线球要求球向前旋转，从而使球在飞行过程中出现一个向下的弹道。曲线球与滑球在出手点上有一个区别，投滑球时，手指拨动球的外侧，使球产生侧旋。投曲线球时，手腕弯曲，让手指从上至下运动，让球形成上旋。由于这种强烈的上旋以及向下的弹道，曲线球的速度通常比直线球的速度慢10英里/时到15英里/时。

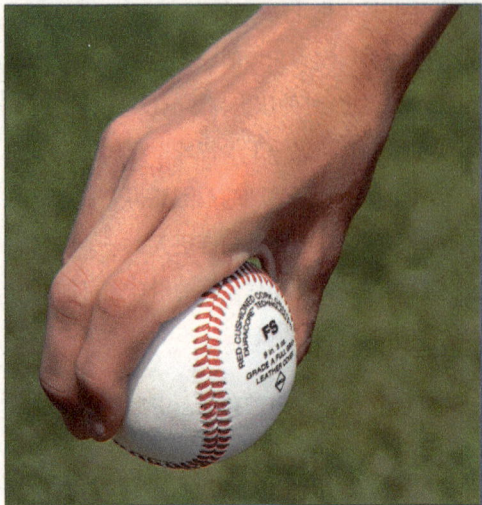

1. 将食指和中指并拢，中指位于球上缝线的内侧。
2. 大拇指位于球的下方，或者斜下方的缝线上。
3. 与滑球相比，握球的位置更深一些。

图3.4 曲线球的握法

发力动作

棒球运动员的身材、体型各不相同，投手也不例外。当你看棒球比赛时，你会发现无论何种身材或者体型的球员在守备、击球和传球时的发力动作都是相同的，只是在发力方式上有所不同。有些投手在投球时腿部抬得很高，手臂在头上摆动；而有些投手的腿部动作和手部动作很小，在投球时身体压得很低，将球从身体的侧面投出。之所以采用不同的手臂动作投球，原因也不尽相同。但是投手在球出手的一刹那，手感却是相同的。出手点是指整个投球过程的结束刹那。为了帮助你找到正确的投球点，我们要从站姿开始。投球站位姿势有两种——正面投球姿势和侧身投球姿势，下面我们就详细介绍这两种站位姿势。

侧身投球

在一些高水平的比赛中（高中或以上水平），关键球一般都采用侧身投球姿势。这就是我们首先向投手介绍这一姿势的原因。第二个原因是侧身投球动作较少，容易找到合适的挥臂方法。按照图3.5中所示的步骤进行练习，在每个步骤之间暂停，确认做动作的时机和节奏。所有动作熟练以后，再加速度。

抬腿以后，身体的任何节奏变化都会影响挥臂动作，甚至造成拖臂现象。初学者应该多练习，使投球动作成为身体的本能动作。投球有一个定律，"只有你感觉到才能改正"。所以侧身投球是让初学者学习并形成正确投球动作的最简单方法。对于高水平球员来说，如果要修正投球动作，应该采用侧身投球的方式进行。

正确的站位和看清投球暗号

1. 轴心脚位于投手板前沿。

2. 双脚分开，略比肩宽。

3. 看接手暗号时，球放在手套里。

静止

1. 看清楚暗号以后，双脚分开，略比肩宽，重心放在两腿中间。

2. 投球的手握球并放在手套里。

3. 保持至少1秒以上，让身体完全静止下来，利用这个时间调整专注力。

抬脚和平衡点

1. 当保持静止姿势后，开始投球动作。

2. 前踏脚抬高到腰部，保持身体平衡。

3. 在平衡点时，前脚应该是放松的。

4. 头部与后脚垂直在一条直线上，身体收拢。

5. 现在加入手部动作。当开始投球时，想象有一条绳把你的手和前脚的膝盖连接在一起。当双手向上举起时，前脚的膝盖也跟着同时抬起。这种手部和膝盖的同时运动，会带动手臂到达投球的预备位置。

图3.5 侧身投球

发力姿势

1. 从平衡点开始，双手分开。

2. 前脚朝着目标方向移动时，投球的手开始挥臂。

3. 此时把重心完全调整至后脚和投手板上。

4. 前脚着地时，旋转髋部，手臂位于自然合理的出手位置。

5. 前脚着地点位于场地中线附近。

6. 肩部略微向上倾斜。

出手并结束

1. 如果身体和手臂位于正确的发力位置，那么每次球出手的点都会是一致的。

2. 球出手后，后脚随身体惯性完成整个随摆。

3. 手套侧手臂紧贴身体。

4. 正确的结束动作会使投手马上处于有效的防守姿势。

图3.5　侧身投球（续）

正面投球

　　正面投球需要在整个投球过程中多加几步。在青少年比赛中，特定的跑垒规则规定不允许使用正面投球。而在高水平的比赛中，当垒上有跑垒员时，应使用侧身投球。在垒上无跑垒员或者三垒有跑垒员时，投手才会使用正面投球。但作为基础技术，接下来，我们仍然逐步介绍正面投球的方法（图3.6）。在这个过程中，别忘了在每个步骤之间暂停并检查动作。熟练掌握以后再提速。

　　当能够熟练运用脚步动作后，你会发现自己的投球方式与其他人似乎不同。这种不同是正常的。此时可以根据每一个出手点是否一致，来评价自己的每一个投球。而出手点的稳定性取决于投球动作的一致性。如果准确性不好，说明动作有问题。当然你必须发现问题才能改正它。所以初学者要不断练习，从而掌握正确的发力时机和投球动作。

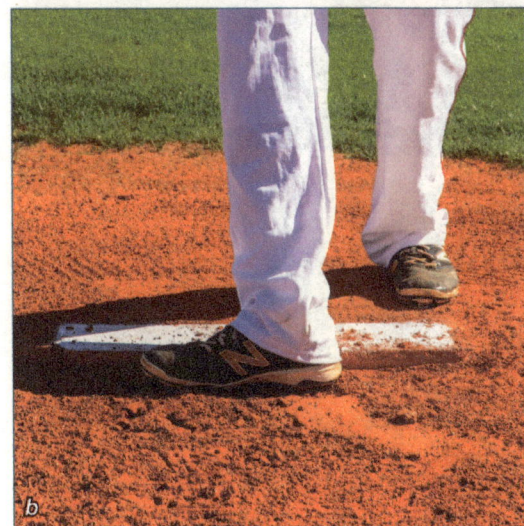

正确的站位和后撤步

1. 正面投球，从身体正对接手开始。双脚在投手板的位置（图3.6a）。注意身体与脚形成的角度，角度与投球侧不应超过45度。保持一定的角度有利于减少身体转移至平衡点过程中的失误。

2. 球应位于手套内舒服的位置。与侧身投球不同，双手的位置可以由个人喜好来决定。

3. 当投球开始时，投球的手应进入手套握住球。

4. 伸踏脚向后后撤一小步，重心基本保持不变或者向后一点点。

5. 后撤步时，头保持在身体中轴或者稍微偏向后脚方向。双手位于身体的中轴。

旋转

1. 完成后撤步后，轴心脚旋转至侧身投球时的位置（图3.6b）。

2. 现在开始提前腿，进入平衡点。过程中尽量降低重心移动的幅度，确保动作顺畅。

图3.6 正面投球的发力动作

错误

后撤步时身体失去平衡。

改正

尝试用"鼻子垂直于脚趾"的方法，避免重心大幅移动。

好球区

开始投球训练之前，我们先了解所有投手投球的目标，也就是击球手的好球区。好球区与本垒同宽，为17英寸，上线为击球员的胸部，下线为击球员的膝盖处。

投手和投手教练经常把好球区划分为如图3.7所示的不同区域。我们学习的投球技巧主要针对好球区下半部分的区域。因为在这个区域的球是比较难打到的，所以训练时尽量把球投到这个位置。

图3.7　击球区

投球训练 1 单膝跪地投球

单膝跪地投球训练（图3.8），集中针对投手的挥臂和上肢的运动。以单膝跪地的方式开始投球。搭档应在距离投手40英尺到50英尺远的位置。首先，把球和手放于胸前，然后球从手套中分离并转体完成投球动作。投球臂必须完成随挥，穿越前腿以后才能结束动作。

图3.8 单膝跪地投球训练

增加难度

● 在投球时，加入不同球种。

降低难度

● 缩短与队友之间的投球距离。

成功的标准

● 训练的目的是让投手感受到正确的出手点。

● 球没有投准时和正确投准时，你能否感觉到出手点的区别。

● 投球和结束动作应该连贯。提高身体动作的连贯性和一致性，保证准确性。

给自己的训练打分

重复10次。

将球投到队友的上身部位得0.5分。

如果队友没有移动手套就接到投手的投球得1分。

你的得分_____（10分）

投球训练2 平衡

平衡训练是针对身体到达平衡点时，如何强化手臂动作和发力时机的训练。距离为40英尺到50英尺，投手用侧身投球站位。首先，投手前腿抬起，身体进入平衡点并保持平衡。队友或教练位于投手后方，手中握球（图3.9）。在投手保持平衡状态时，队友或教练把球递到投手手中。投手接到球后，完成投球动作。

图3.9 平衡训练

增加难度

● 在投球时，加入不同类型的投球。

降低难度

● 缩短与队友之间的投球距离。

成功的标准

● 保持平衡姿势1秒钟以上，然后接球投球。

● 在投球动作中，挥臂的时机应该与身体下肢运动结合起来。

● 动作保持一致性，每次重复投球动作都要一样。

● 当投球偏离目标时，是否感觉到了出手点和投球时机不对。

给自己的训练打分

重复10次。

将球投到队友的上身部位得0.5分。

如果队友没有移动手套就接到投手的投球得1分。

你的得分_____（10分）

投球训练3 平地

平地训练是投手们经常使用的一种方法。平地训练的距离为45英尺到60英尺。队友保持接球姿势，投手在一个平整的地面上，而不是在有高度的投手板上进行投球（图3.10）。平地训练的目的是降低投手的挥臂节奏，集中感受手臂部位的正确发力方法。

图3.10 平地训练

增加难度

- 加入不同类型的球种。
- 每一次投球后，改变目标位置，重新开始练习。

降低难度

- 缩短与队友之间的投球距离。
- 每个球都命中不同的目标位置。

成功的标准

- 使用正确的发力动作，将球投向目标处的同一位置。
- 在投球时感受到投球动作的错误，从而对投球动作进行适当地调整。

给自己的训练打分

重复10次。

将球投到队友的上身部位得0.5分。

如果队友没有移动手套就接到投手的投球得1分。

你的得分_____（10分）

投球训练4　投手板投球和中继传球

　　现在我们可以上投手板练习了。第一个训练的目的是让投手的身体向前移动，从而使身体形成一种正对投球目标的惯性。整个过程中，保持手臂的位置。投手握住球站在投手板的后面，接手距离投手60英尺。投手后脚向前迈一步或类似鸦式跳传那样，落脚点位于投手板的前面（图3.11），将球投向投手板前方的接手。

　　另一个技巧是，教练可以站在投手手套侧的斜前方。投手把自己当成游击手进行双杀。当投手向投手板迈步时，教练向投手抛球，投手接球后向二垒进行双杀。这个技巧把挥臂动作与投手下坡（丘）的惯性结合在一起了。

图3.11　投手板投球和中继传球训练

增加难度

- 教练抛球时把球转起来。
- 增加投球目标的距离。
- 移动投球的目标位置。

降低难度

- 投手从自己持球开始。
- 缩短投球目标的距离。

成功的标准

- 挥臂时机应与身体运动协调一致。整个动作的节奏要快于普通的传球。
- 当投手结束投球动作时，保持身体的惯性，向接手的方向迈出几步。

给自己的训练打分

重复10次。

将球投到队友的上身部位得0.5分。

如果队友没有移动手套就接到投手的投球得1分。

你的得分_____（10分）

投球训练5　短距离投球

　　设计本训练的目的是帮助投手掌握投球的发力方法，以及提高投手投球的准确性。把投球距离缩短到60英尺，投手可采用正面投球或者侧身投球的方式，正常向目标投球。由于距离缩短了，投手可以更清晰地看到投球结果，从而以较慢的节奏来调整发力方法。正常情况下，同一个目标5个球一组，然后更换目标，当然个人可以根据自己情况调整投球数和投球种类。下一组提高到25个球。

增加难度

- 将球投中指定的目标后，才能更换目标。
- 每一组投球都按顺序变换球种和落点。

降低难度

- 每组投球1到2球。
- 只针对个别位置投球。

成功的标准

- 每个目标投5球，然后更换目标。
- 根据需要，调整发力动作。

给自己的训练打分

每组动作重复5次。

外侧速球得分_____（5分）

内侧速球得分_____（5分）

外侧变速球得分_____（5分）

内侧曲球得分_____（5分）

中间速球得分_____（5分）

你的得分_____（25分）

71

投球训练6 投手准备区（也称"牛棚"）

投手在准备区的训练任务要根据当天的目标进行安排。例如，在赛季期的投球数一般要少于休赛期投球数。每个阶段训练的重点也不同，赛季期的重点是小幅调整投手动作，而休赛期的重点是掌握一个新球种。投手准备区内的训练主要是为比赛调整心态和找到比赛的投球感觉。

针对投手准备区的训练，最重要的一条建议是，一定要有完整的计划性。计划可以采用类似于与短距离投球训练的方法。下面的内容会提供更多的投手准备区训练的计划。

增加难度

- 将球投中指定目标后，才能更换目标。
- 每一组投球都按顺序变换球种和落点。

降低难度

- 每组投球1到2球。
- 只针对个别位置投球。

成功的标准

- 模拟比赛，投手完成投球的四个步骤进行投球。
- 模拟比赛，先面对右打者。然后再面对左打者。

给自己的训练打分

将击球手三振出局得20分。

在击球手击球之前投出2个好球得10分。

面对击球手连续投出4个坏球得0分。

击球手1得分_____（20分）

击球手2得分_____（20分）

击球手3得分_____（20分）

击球手4得分_____（20分）

你的得分_____（80分）

猫鼠游戏

既然你已经体会了不同类型的投球，现在我们应该进一步了解投手与击球员之间是如何进行较量的。在高水平比赛中，我们把投手与击球员之间的较量称之为猫鼠心理游戏。击球员在思考该如何打，而投手则在思考投什么球、落点在哪。本章节我们来看一下，作为一名投手心里应该思考什么。

认清自己

当你踏上投球板之前，先问问自己是一个什么类型的投手。要如实回答，这是认清自己水平的关键。问题如下。

1. 我的直线速球够不够准确？
2. 我的直线速球球速是多少，投球动作是怎样的？
3. 我擅长的第2种球是什么？是否无论在什么情况下，我都敢投？
4. 第2种球希望产生什么效果？它会产生什么效果？
5. 我能不能投到外角？
6. 我感觉到发力动作有需要调整的地方吗？

我们设计这些问题的目的是让投手清晰了解自己的投球能力。在试图回答这些问题之前，一定要考虑到你的教练和队友的反馈。一个完全了解自己的投手，才可以将自己所学到的知识和技术作为武器去抓出局。一个不了解自己的投手是很难找到方法来抓出局的。因此，如实回答问题非常重要。如果你认为自己投球的球速为90英里/时，但是教练告诉你测速的结果是81英里/时，那么你就应该立刻调整心态。只要对自己足够诚实，你就一定能想到对付击球员的方法。

分析局面

投手必须时刻分析局面。对于初学者来说，是很难做到时刻分析局面的，因为这种能力要通过积累经验和反思错误才能掌握。球员需要学会不断从失败经验中去学习分析局面的能力。比赛中，初学者的注意力往往集中在投球和击球上，很容易忽略整体局面。所以，下面我们来了解投手是如何处理周边庞大的信息量并完成投球的。

投手在投球时一定要考虑以下因素，虽然信息量较大，但是也不能回避。对于大学或者专业级别的投手来说，他们的信息量会更多。这些问题是按照投手在每投之间的顺序进行排列的。

环境因素

- 对方谁是快腿跑垒员，谁是强棒击球手？
- 我们在比赛的第几局？
- 现在的比分是多少？
- 现在有几人出局？
- 现在有几个好球，几个坏球？
- 垒上是否有跑垒员？

- 跑垒员是否构成盗垒威胁？

- 对方是否会进行触击球，或者只是假触？

- 如果球击向我，我应该移动到哪个位置防守？

- 有没有防守战术安排？如何安排的？

击球员因素

- 轮到谁击球？他是第几棒？

- 几出局了？

- 击球员是否会进行特定方向击球？

- 击球员的意图是什么？

- 击球员是否改变了击球的站位？

- 我们原来和现在的配球顺序是什么？

- 哪一种球既是对方的弱点又是我们的强项？

投球并评估

- 垒上是否有跑垒员？

- 我怎样才能控制跑垒员的节奏？

- 我是否将球投到了指定的目标位置？

- 击球员有何反应？

- 跑垒员有何反应？

- 我是否感觉到调整一下发力点，可以让下一个球投得更好？

- 放松并重新集中注意力。

- 局面发生了哪些变化？

在不放慢比赛节奏的情况下，初学者要掌握并处理这些信息是比较困难的。但是慢慢地这些问题将成为投手在每球之前下意识考虑的问题。分析局面的能力越快，棒球智商就越高，对比赛的理解就越深。

能够做好信息处理的投手，其实下意识已经将这些问题的答案存储在大脑中，并且融合为三个要素。通过整理这三个要素，投手可以迅速完成或者找到所有的答案。这三个重要因素究竟是什么？

发力动作

投手应该关注的第一个重要因素是投球动作。比赛中，投手只能轻微地调整投球动作，投手在投手准备区练习的主要任务是寻找比赛中的投球感觉，在练习中提前进行微调。

好坏球数和投球节奏

好坏球数会影响比赛的各个方面，其中包括跑垒员、击球员和配球的方法，甚至是防守的站位。

对于能保持自我清醒的高水平投手来说，好坏球早已经了然于心，并成了选择配球的重要依据。

当先发投手看到对方的打线顺序以后，猫鼠游戏就开始了。由于每个击球员都是不一样的，所以投手必须根据自身能力找到各个击球员的弱点。随着比赛的进行，投手要注意自己的投球节奏，目标是通过破坏对方击球节奏，让对方无法扎实击中球。要做到这一点，投手必须拥有良好的直线速球控制能力。

除了直线速球以外，投手要把自己的第2种球混合使用。在比赛中，上一棒的配球会被下一棒击球员看到，进攻方会进行有效调整。例如你每一次都是直线球开始，那么击球员一定会准备打你的直线球。所以投手在面对每一个击球员时都要使用不同的节奏来投球，使进攻方无法适应你的投球。

控制跑垒

垒上有跑垒员的情况下，投手要改变投球的节奏。当面对积极跑垒员时，投手要通过变换自己的投球准备时间和投球节奏来破坏跑垒员的盗垒时机。盗垒时，跑垒员一般会计算投手从静止到启动的时间，在启动的瞬间开始盗垒。下面是防止盗垒的一些建议。

- 变换合手持球的时间。
  - 短合手持球。
  - 长合手持球。
- 多次回头看二垒跑垒员。
- 牵制。
  - 突然牵制。
  - 合手之前牵制。
  - 多次牵制。
- 向本垒迅速传球。
  - 在1.3秒内完成从投球到球进入接手手套的整个过程。

我们会在第7章内场球的内容中，详细介绍控制跑垒员和牵制跑垒员的方法。

投手补位

在投手投球结束后，投手就变成了普通守场员。作为投手，参与防守是棒球比赛中至关重要的一部分。投手防守训练（简称PFP）是训练投手补位的技巧。一般包括：触击防守、安打防守各种补位。为了使投手成为投手板上高水平的防守球员，我们详细介绍一些投手防守的方法。

触击球的防守

防守触击球需要考虑以下几方面。

第一，投手应该清楚场上的局面，因为守场员的站位是根据局面来定的，一旦出现触击球，投手需要根据局面去补位。

第二，抓出局数。失误往往是由于防守球员急于传杀导致的。一般来说，作为投手，除非触击球正对着你滚过来，否则你只能传杀一垒。尽管如此，你仍然必须全力跑向球。绝大部分情况，你应该收下对手送给你的这一个出局。

第三，当投手接到球后，要控制住自己的步法。接球时，投手应该保持运动姿势，并迅速将球传出。大部分失误都是由于错误的脚步动作而造成的，所以控制脚步动作极其重要。

安打球的防守

安打球的防守与触击球的防守方法相同。唯一不同之处在于投手需要适应不同的投手板。由于投手需要在投手板上传球，所以调整脚步适应投手板是防守的要点。脚步调整到位会减少传球的失误。

一垒补防

投手的另一个任务就是当球被击向场地右侧时，要去一垒补位。有时一垒手可能站位较深或者离垒追球。这时候，一垒垒位就空了，投手应该及时到达一垒补位，协助完成封杀。

一垒补位时，投手采用香蕉型弧线跑动补位，避免阻挡跑垒员的路线。此时脚步尤为重要。球棒击球后，投手应全速跑向球。在快到达垒包前要算准步法，既保证接到队友的抛球又安全的踩踏垒包。整个过程，脚步一定要控制住。

各垒位补防

投手还必须对其他垒位进行补位。对投手来说，补防是心理层面的技术。年轻的投手被安打后常常站在投手板上，看着场员跑位防守，一动不动。要知道，投手在每一个局面中都有一个属于自己补防位置。有效的补防可以减少因防守失误带来的额外失垒。高级别的比赛中，投手没有任何借口不补防。以下是投手补防的总则。

- 左外或中外安打，垒上无跑垒员的情况下，投手应去二垒补防外场的回传球。
- 外场安打，一垒有跑垒员的情况下，投手应去三垒补防外场的回传球。
- 右外安打，垒上无跑垒员的情况下，投手应补防一垒。
- 本垒附近的局面，投手应该补防本垒，根据回传球方向确定站位。
- 多垒打时，垒上无跑垒员的情况下，投手应跑向球可能被传到的位置补防。
- 多垒打时，一垒有跑垒员的情况下，投手应跑向本垒和三垒之间的位置。当投手判断球会传向哪个垒位时，再迅速向其移动进行补防。

总结

投手的任务并不只是把球投向目标。在场上，投手这个位置需要棒球智商、身体力量、动作协调以及驾驭和掌控比赛的能力的综合发挥。在场下，我们需要细心保护投手的手臂，发挥其最大的作用。所以，想要成为一名优秀的投手，需要有计划性的训练。

计划的制定应该根据自身能力设定阶段性目标。还要考虑到手臂护理和保养对于计划的重要性。即使不在投手板上练习，投手仍然可以完成一些诸如牵制、防守触击球的训练，甚至可以与队友讨论配球方法、收集反馈的信息。投球是一项脑力运动，脑袋处理的信息越多，投球就越好。

投球训练

1. 单膝跪地投球得分 _____（10分）
2. 平衡得分 _____（10分）
3. 平地得分 _____（10分）
4. 投手板投球和中继传球得分 _____（10分）
5. 短距离投球得分 _____（25分）
6. 投手准备区（也称"牛棚"）得分 _____（80分）
   总得分 _____（满分145分）

如果你的得分高于100分，那么恭喜你，你已经掌握了一些基本的投球发力方法。

如果你的得分少于80分，那么你需要在确保出手位置正确，手臂健康的前提下，重新练习这些基本技巧。通过对这些技巧的练习，你会提高自己所需的技能，并为自己下一步的成功打下坚实的基础。

第**4**章

接手接球

介 绍完投手的训练方法，我们把视线转移到投手的对立侧——接手的位置。接手在赛场上经常会做一些脏活、累活，以及一些吃力不讨好的工作，他既体现了运动员身体上的强壮，又融合了棒球技巧、领悟能力和棒球智商等多种要素。接手的位置与其他位置截然不同。在比赛中，人们越是忽略接手的存在，说明接手的表现越好。因为往往队伍在快要丢分的时候，人们才会注意到接手。所以作为一名接手，或者想成为接手的初学者来说，必须要认识到这一点，时刻提醒自己，每天的艰苦付出不会获得风光的赞赏。

接手需要掌握大量的专项技巧。但如果想成为一名优秀的接手，还需要了解整个比赛的方方面面。在本章中我们会详细介绍接手的位置，以及针对接手的最基本的接球站位和传接球技术。随着本章内容的展开，我们会加入传球、护球和守备的技巧。在本章的结尾处，我们会介绍成为一名优秀的接手所需要具备的特征，并且要让接手了解，如何像橄榄球比赛中的四分位一样，肩负起整个队伍的防守重任。那么现在就让我们拿起手套，开始本章的训练。

准备动作

接手的准备动作是指接手采用的不同蹲姿，以及使用不同蹲姿的时机。每一种姿势在比赛中都有具体的作用。采用正确的准备动作可以加速动作的转换，如：护球和传球。下面介绍第一个准备动作——初始姿势（图4.1），其主要作用是方便与投手用手势或者暗号进行沟通。

1. 距离投手5英尺到7英尺，位于本垒的正后方。
2. 身体放松，下蹲，身体稍微转向游击手的方向。
3. 臀部位于双膝的下方，双膝朝前。
4. 保持胸部挺直。
5. 手套放置在大腿的外侧，护腿板下方。
6. 在两腿之间发出暗号。

图4.1 初始姿势

错误

接手在初始姿势中经常犯的错误就是手套的位置和双膝的角度不正确。如果接手的双腿打开角度过大，或者手套没有放在指定位置的话，对方跑垒指导教练会很容易看见接手与投手之间的暗号。

改正

在发出信号时，让教练从教练区域的两侧进行检查。找到一个合适的位置，能够隐蔽地发出暗号，并始终保持这一姿势。

接手的第二姿势是护球（阻挡球）的姿势。对于接手而言，这是最难的姿势。在两种情况下，接手会做出这种姿势，第一，在两个好球的情况下（图4.2）。第二，垒上有跑垒员的情况下（图4.3）。这两种情况又有稍许不同。

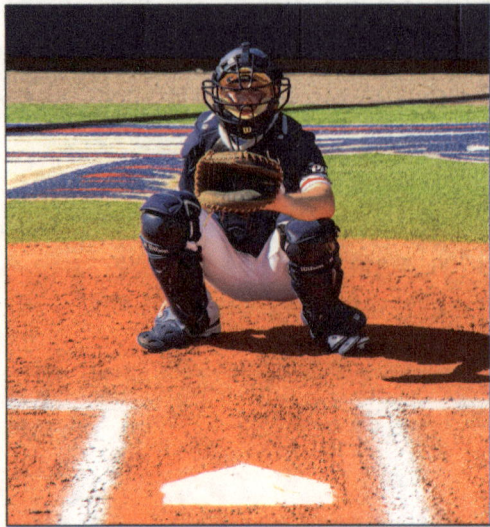

1. 用初始姿势发出暗号后,把身体调整到本垒后方,正对来球方向。
2. 双腿分开,臀部下沉,形成蹲姿。
3. 双脚和身体稍稍朝向二垒手,左脚在右脚前面一点点。这个姿势有利于把手套推向前,并且为传球臂创造出更大的挥臂空间(以右手传球为例)。
4. 胸部降低,基本与膝盖同高,双膝之间。
5. 手套即是落球点。
6. 传球臂应舒适地放在大腿一侧。

图4.2 垒上无人跑垒员,两个好球情况下的第二姿势

错误

接手经常犯的错误就是蹲姿过高,身体没有完全蹲下。臀部下沉,同时保持上身的合理姿势,需要臀部和脚踝灵活。灵活性不足,蹲姿就不正确,经常会导致左膝阻碍左侧手臂的移动。

改正

球员必须保证手套有足够的活动范围。所以球员必须要花大量的时间来练习并提升身体的柔软度和灵活性。灵活性保证接手能够迅速转换姿势,做出护球或传球的动作。

图4.3 垒上有跑垒员情况下的第二姿势

1. 用初始姿势发出暗号后，把身体调整到本垒后方，正对来球方向。
2. 双脚分开，距离约为肩宽的两倍，左脚在前右脚在后。转体角度比上一种情况更大一点。
3. 重心位于接球手一侧的脚，身体保持最大的灵活性和速度，对来球做出迅速的反应。
4. 臀部抬到与双膝水平的位置。
5. 胸部向下，靠近膝盖，位于双膝之间。
6. 手套前伸示意落球点，创造出足够的手套活动空间。

错误

接手在这一姿势中常见的错误就是臀部的高度不合适。球员经常会让臀部下沉到双脚的位置，从而导致身体的灵活性下降。

改正

维持这种姿势需要一定的力量和运动能力。球员经常会因为力量不够而走形，所以时刻提醒自己，要把臀部抬高。球员需要不断练习这个姿势，来增加身体的力量和灵活度。

接球

接球是一门艺术，是接手在众多技术中最应该掌握的技术动作，也是区别接手水平高低的重要标准。下面我们来学习接手如何用手套给裁判绘制一幅完美的作品（图4.4）。

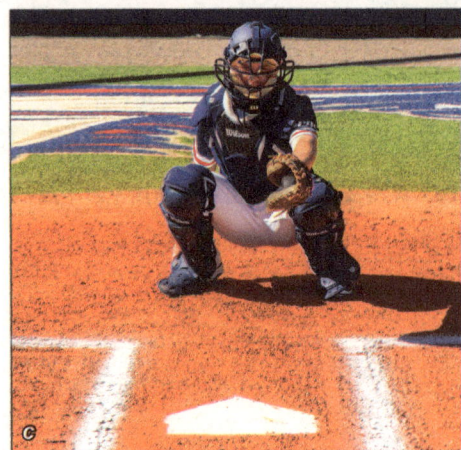

1. 身体成第二准备姿势，向投手示意投球的落点。
2. 手腕放松向上适度弯曲，同时大拇指也略微向上收一点（图4.4a）。
3. 肘部保持弹性，保持放松，不要将其锁死。
4. 以肩部为轴，保证挥臂的最大运动范围。
5. 当投手出手后，通过移动臀部来引导身体对准来球方向并在身体内侧把球接住（图4.4b）
6. 投到身体外侧的球，接住球，并立刻回传给投手。投到身体内侧的球，牢牢地将其接住并让球在手套里面停留片刻（俗称"粘住球"），让裁判检查球的落点。
7. 投到手套侧的球，在做"粘住球"动作时，大拇指要朝上（图4.4c）。投另一侧的球，接住球后，大拇指应该保持水平或者稍微朝下（图4.4d）。

图4.4 接球的技巧

错误

做准备动作时，肘部应该放松并保持弹性，这样在接球时才能更有效地控制手套。如果肘部完全伸直，肘就被锁死了。在接球瞬间就无法用手套去卸力，同时手套的活动范围也被缩小了。若是肘部完全弯曲，那么就无法把肩部作为挥臂支点。这样做同样缩小了活动范围，接球瞬间也无法控制手套。

改正

我们的目的是让球员通过不断地重复练习，来体会并掌握正确的技术动作。下面是一些针对接手接球的训练方法，接手通过这些方法多加练习，可以提高力量和灵活性，有助于保持良好的接球动作。

接球训练1 徒手接球

徒手接球技巧可以作为每天的训练项目，目的是提醒接手用正确的动作去接球。接手日常的训练大部分都要模拟垒上有跑垒员的情况，尤其是使用第二接球姿势时的训练。但是在徒手接球训练中，接手使用第二种接球姿势时，不需要理会跑垒员。首先，教练或者队友距离接手膝盖处10英尺，向接手抛球。接手向来球的方向移动臀部，用大拇指、无名指和中指将球接住（图4.5）。

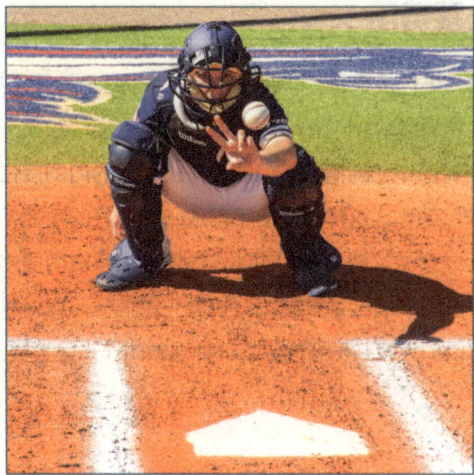

图4.5 徒手接球训练

增加难度

- 仅使用食指和大拇指接球。
- 让教练向接手扔乒乓球。
- 缩短抛球之间的时间间隔，加快接手的接球节奏。

降低难度

- 允许接手用整个手接球。
- 用网球代替棒球。

成功的标准

- 检查肩部和肘部的动作。挥臂时，是否保持肘部的稳定和弹性？
- 臀部是否跟着球的来向移动，以便能够在身体内侧将球接住？
- 在大拇指朝上或朝下的情况下，手指是否都成环形，护住接到的球？

给自己的训练打分

重复10次。

臀部抬起，并使用正确的技术动作成功接到球得1分。

技术动作正确，但是没有接到球得0.5分。

没有使用正确的技术动作接球得0分。

你的得分_____（10分）

接球训练2　用手套接球

　　现在让我们戴上手套，进行接手的接球训练。首先，教练应该距离接手30英尺远，向接手抛球。训练要求与徒手接球训练一样（图4.6）。

　　请记住，如果接手在臀部移动的情况下仍然没有在身体的内侧接住球，接手接球后迅速回传教练，不要做"粘住球"动作。这样会使接手养成一个良好的习惯，可以告诉裁判，只有接到高质量的好球时，接手才会做"粘住球"的动作。如果接手对明显的坏球也做"粘住球"动作，裁判会认为接手水平很低或者故意欺骗，对接手失去信任。赢得裁判员的信任之后，随着比赛进行，接手有可能可以扩大裁判员好球区。这种现象叫作"重置裁判员好球区"。

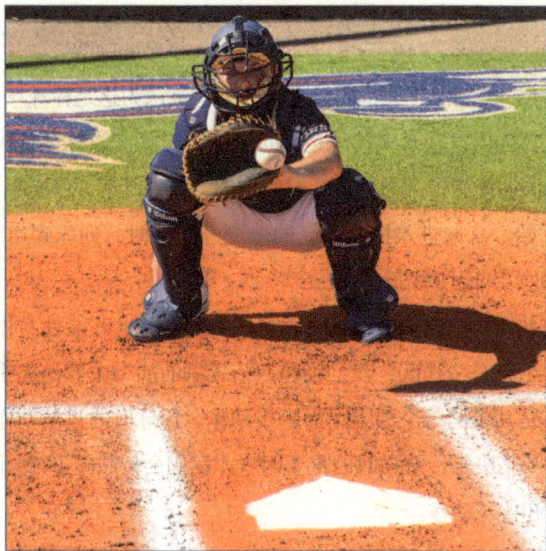

图4.6　用手套接球训练

增加难度

- 两名教练，每名教练手持5个球。第1名教练距离接手30英尺到50英尺，站在一垒方向。第2名教练的距离与第1名相同，位于三垒方向。从第1名教练开始，两名教练分别从两个方向朝接手投球，这种连发的方式对提高手眼协调性很有帮助。
- 利用投手在"牛棚"的时机，实战训练。

成功的标准

- 检查肩部和肘部的动作。挥臂时，是否保持肘部的稳定和弹性？
- 如果接手在臀部移动的情况下仍然没有在身体的内侧接住球，接手接球后迅速回传教练，不要做"粘住球"动作。

给自己的训练打分

重复10次。

臀部移动，并使用正确的技术动作成功接到球得1分。

技术动作正确，但是没有接到球得0分。

没有使用正确的技术动作接球，或者在坏球区做"粘住球"动作得0分。

你的得分_____（10分）

过渡、脚步以及向垒上传球

传杀盗垒员（图4.7），是一种独特的技术，有人甚至认为这是棒球场上的一种艺术表现。能够掌握"传杀"技巧的人，在众多棒球运动员中寥寥无几。教练评价接手水平时，很看重接手的这一能力。我们把接手传杀盗垒员的时间称为"传杀耗时"。测试"传杀耗时"一般要求接手从第二姿势开始。从球进入接手手套的一刻开始计时，到球到达二垒手套结束计时。大联盟平均"传杀耗时"约为2秒。

接手需要运用一系列的专业技术并拥有出色的身体天赋，才能使身体流畅地做出传杀盗垒员的动作。关于传杀有一个误区，我们往往认为传杀的能力主要是靠手臂的力量。这是不对的。手臂的力量只是其中的一个因素，而脚步动作、传球时的过渡动作、传球时机，以及传球时的身体姿势，都是决定传杀耗时的重要因素。我们会按照图4.7所示的，详细地分步介绍如何做好过渡动作和传球动作。

1. 垒上有跑垒员的情况下，接手采用第二种准备姿势接球。
2. 球在飞行时，右脚向来球方向移动并旋转打开，落地时脚内侧朝向二垒（图4.7a）。落地的同时，手接住球。
3. 接球后，左脚向二垒方向移动（图4.7b）。
4. 左脚着地后，臀部与肩部开始旋转，准备传球。脚步迅速调整身体瞄准二垒。
5. 转身同时，球从手套转移到传球的手中。

图4.7 向二垒传球

6. 前脚着地后，投球的手肘部朝上，做好投球的准备（图4.7c）。

7. 在过渡过程中，臀部和上身不要向上抬起。当前脚着地时，身体做好发力的准备。

8. 完成传球动作和手臂随摆（图4.7d）。

图4.7 向二垒传球（续）

错误

把握节奏和时机是传杀的关键。如果接手等接到球后，再启动传杀动作，就延误了时机，导致传杀将完全依靠手臂的力量。如果启动太早，则影响了接球的时机，从而影响整个传杀的节奏。

改正

学会这种技术动作后，要根据自身的条件判断能否加速传杀的节奏。多练习是进步的唯一方法。我们在下面的训练中，会对转移过程进行细致的分解，帮助接手找到正确的动作时机。目的就是让培养接手做出一个迅速而流畅的传杀动作，还要保证准确性。

过渡、脚步以及向垒上传球训练1
过渡动作的分解步骤

首先，在垒上有跑垒员的情况下，接手应采用第二种准备姿势，教练距离接手45英尺，手持5个球。后脚着地的同时将球接住（图4.8）。在整个过程中，接手必须要保持臀部下沉。每次接住球后，重新回位。

下一组还是5个球。接手依然后脚着地的同时将球接住。接手接球后，将接球的姿势保持2秒不动，观察并确认动作是否正确。2秒后，将球从手套中转移到投球的手里，同时旋转身体和双脚，使身体形成发力传球的姿势。检查并确定姿势是否正确，重新回位。

接下来的一组，5个球，接手不需要在接球后做停顿动作。但是尽量降低动作的速度，确保流畅和姿势正确。

最后一组，5个球，用比赛来练习。接手在做出发力传球的姿势时，要保证步法和身体动作的正确性。

我们可以在牛棚训练的时候来练习这个技巧。可以有效锻炼时机的把握和适应比赛的节奏。

图4.8 过渡动作的分解步骤训练

增加难度

- 投手用全力传球。
- 投手采用不同类型的投球，让接手接住。

降低难度

- 将球放在接手手套内，然后开始传球。

成功的标准

- 加快节奏以后，接手能否保持重心（臀部）不抬起？
- 前脚着地瞬间，是否能立刻出手？
- 加快节奏以后，后脚的移动幅度要小，双脚完美联动配合，才能保证传杀成功。

给自己的训练打分

重复20次。

使用正确的技术动作，接球后保持正确的姿势得1分。

在整个过渡动作中，起身，没有保持身体的平稳得0分。

你的得分＿＿＿＿＿（20分）

过渡、脚步以及向垒上传球训练2
球在手套中完成传球

接手保持第2种接球准备姿势，球放在手套内（图4.9），迅速完成整个过渡动作，并将球投向二垒。

图4.9　球在手套中传球训练

增加难度

- 让接手将球传向一个更小的目标，例如地面上的帽子。
- 蒙住接手双眼，或者闭上双眼进行传球训练。

降低难度

- 缩短目标位置与接手之间的距离。
- 在接手传球之前，整个过渡动作一步一步分解来做。

成功的标准

● 整个过渡动作是否正确？

● 整个过渡动作是否流畅？

● 接手的传球是否高质量并创造了传杀距离？

给自己的训练打分

重复10次。

用正确的动作传出高质量的球得1分。

在传球时，球出现弹跳，但是仍然传向目标得0.5分。

传球偏离目标得0分。

在过渡动作中，没有保持正确的姿势得0分。

你的得分_____（10分）

过渡、脚步以及向垒上传球训练3
全速过渡并投球

在这个训练中，让接手全力完成整个传杀动作。教练站在距离本垒45英尺远的地方，向接手投10个球。接手接球后迅速完成整个传杀，向二垒传球（图4.10）。

图4.10　全速过渡并投球训练

增加难度

- 投手全速投球。
- 投手加入不同类型的投球。

降低难度

- 投手轻松投球。
- 将球提前放在接手手套内，然后传球。

成功的标准

- 整个过渡动作的时机和流畅性如何？
- 你的结果是多少？

给自己的训练打分

重复10次。

用正确的技术动作将球传出，并成功击中目标位置得1分。

球出现弹跳，但仍然传到目标得0.5分。

传球偏离目标得0分。

在过渡动作中，没有保持正确的姿势得0分。

你的得分_____（10分）

堵截

堵截是一种融合技巧性、运动能力和坚韧性的棒球技术。一旦本垒出现抢分局面，即出现本垒传杀跑垒员的局面时，接手就会出现在跑垒员的路线上准备"堵截"。除非接手持有球，否则是不能阻挡本垒的。跑垒员可以选择滑垒的方式绕开接手避免触杀出局，或者与接手相撞，使球从接手的手套中掉落。下面（图4.11）是正确的堵截技巧。

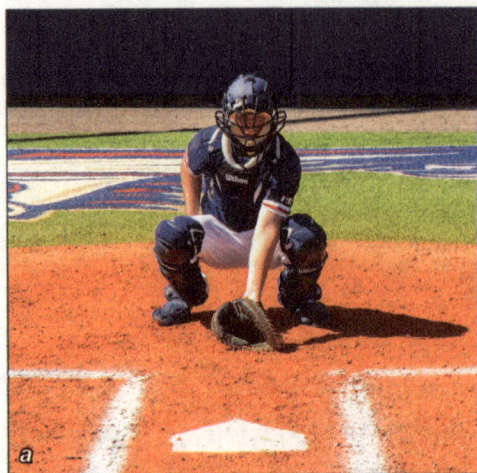

1. 在第二准备姿势状态下，双膝触地（图 4.11）。

2. 将手套调转方向，防止球从两腿之间穿过。

3. 投球的手放在手套后方。

4. 收紧下巴，使其紧靠胸前。

5. 肩部向前压，用胸部去对准球的来向。

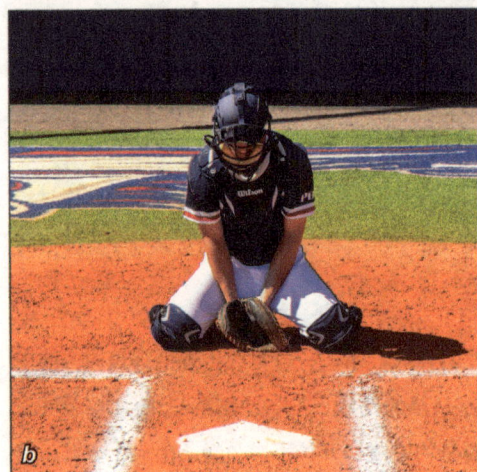

图4.11　堵截技巧

错误

胸部太直，当球撞击到身体时，球弹向身体的一侧，改变了方向。

改正

尝试把球"按死"在地面。

错误

手套没封死，球从两腿之间穿过。

改正

先移动手套，身体随后，位于手套后方。

堵截球训练1 意志力

堵截球训练是大家公认接手训练中最困难的部分，因为无论场下如何努力训练，在场上都未必能达到预想的堵截效果。意志力、精神集中和预判，都是决定堵球成功的重要因素。因此在下面的训练中，我们重点关注测试并加强接手这种能力的训练。

接手做出第二准备姿势，垒上有跑垒员，教练与接手距离为45英尺，当教练做出准备投球的动作时，会发生以下三种不同的情况。

教练在投球时说"盗垒"，即假设有跑垒员试进行二垒盗垒。这时，接手完成整个球的过渡动作，在发力传球姿势时停下来，观察动作和姿势。

1. 教练什么也不说，直接将球砸地，让接手堵球。

2. 教练什么也不说，将球投好，让接手把球"粘住"。

在这种距离下，接手应该根据每一个投球做出相应的反应动作，而不是去猜球（接手可以轻微预判并提前动一下，但是幅度不能太大以至于被对手发现）。这个训练是锻炼接手心理承受能力的方法。

成功的标准

- 有没有处理好来球，有没有猜球？
- 处理球的时候姿势和时机是否都是正确的。

给自己的训练打分

重复10次。

用正确的时机和正确的技术动作来处理球得1分。

没有把握住正确的时机，但仍然正确地处理球得0.5分。

猜球得0分。

如果球从双腿之间穿过扣1分。

你的得分_____（10分）

堵截球训练 2　标准的堵截动作

教练位于本垒的正前方，距离本垒45英尺，朝接手地上砸球（图4.12）。

图4.12　标准的堵截动作训练

增加难度

- 快速连续砸球。
- 两名教练，每名教练手持5个球。第1名教练站在一垒手方向，距离接手30英尺到50英尺。第2名教练位于三垒方向，与接手的距离相同。从第1名教练开始，两名教练分别从两个方向朝接手砸球。

降低难度

- 用投球机向接手砸球。
- 用网球代替棒球。

成功的标准

- 接手接球时，手套是朝上还是朝下？
- 是否抓住合理的时机和动作去接球，接球的时候胸部是否挺直了？
- 堵截后，球弹到哪里？

给自己的训练打分

重复10次。

用正确的动作将球堵截在身前得1分。

无论用什么动作，将球堵截在身前得0.5分。

堵截后，球偏离接手10英尺以上得0分。

未能堵住球，球从双腿之间穿过扣1分。

你的得分_____（10分）

接手的使命

接手接球技术分为3个部分：接球、传球和堵球。对于一名接手来说，掌握这三方面的内容是非常重要的，但是想成为一名优秀的接手，这还远远不够。接手是棒球场上防守的核心。作为教练，我们还要发觉每一个接手专业技术之外的无形的能力。棒球智商是接手这一位置的关键。随着比赛的进行，接手需要把对方球队的情报，反馈给教练和本队的投手。还要通过语言来指挥整个防守体系。一个自信的接手往往会在场上大声地指挥守场员防守从而慢慢肩负起整个队的防守使命。

接手的另一个无形的能力就是勤奋和坚持。每天坚持训练，充满活力但又能够控制情绪。接手，不仅是防守的核心也是投手组的坚强后盾。若是投手充分信任本垒后面的那个伙伴，整个队伍都会从中获益。

总结

弱者当不了接手。接手每天都会挑战自己的心理和肉体。我们设计这些训练的主要目的，就是让接手掌握这一位置的基本训练技巧。在本章的训练中，你完成得如何呢？

接球训练

1. 徒手接球得分 _____（10分）
2. 用手套接球得分 _____（10分）

过渡、脚步以及向垒上传球训练

1. 过渡动作的分解步骤得分 _____（20分）
2. 球在手套中完成传球得分 _____（10分）
3. 全速过渡并投球得分 _____（10分）

堵截训练

1. 意志力得分 _____（10分）
2. 标准的堵截动作得分 _____（10分）
   总得分 _____（满分80分）

如果你的得分在65分以上，那么恭喜你，你已经可以作为场上防守阵型的核心，并成功进入下一章的学习。如果你的得分少于60分，那么你需要重新练习这些给你带来麻烦的训练任务。你可以在确保动作的合理性、时机的正确性，以及技术动作的成功性的前提条件下，适当降低训练难度。

第5章

打 击

本章内容有关棒球的击球。棒球打击被誉为所有职业体育运动中最难掌握的技术。用球棒打球看起来似乎很简单，的确，当你学会了如何打击以后，用球棒打球并不难。但是想保证击球的稳定性就很困难了。作为一名击球员首先必须明白，击球的稳定性是指可持续稳定挥棒和调整挥棒的能力，而不是安打率、打点数或全垒打数等统计数据。数据仅仅能反映打击的结果和你的打击习惯。

正如你在比赛中看到的那样，击球员会用很多方法去击球：不同的站位，不同的挥棒动作，不同的随挥动作和不同迎球方式。我们不可能完整地介绍所有击球要素。本章将集中介绍主要的打击要素：站姿、挥棒、随挥和触击。那么下面就让我们拿起棒球棒去学习如何击球吧。

球棒的握法和站立姿势

棒球比赛中，球员采用的击球站姿是不同的，击球姿势包括：开放式、封闭式、宽式、窄式、上身挺直式、上身蜷缩式，甚至还有两手分开的。我们建议采取你自己觉得最舒服的方式作为你的击球姿势。同时只有正确的握棒动作才可以保证在球棒触球瞬间，找到一个适合的击球方式，并更容易调整挥棒动作去击球。

握法

1. 对左打者来说，右手应握在球棒的根部。对右打者来说，左手应握在球棒的根部。

2. 另一只手靠紧握住球棒根部的手，双手并拢握住球棒。

3. 握住根部把手或者握住离根部把手较远的位置（我们称之为"握短棒"），可依照击球员的习惯选择。

4. 底部手应用掌心握牢球棒，顶部手保持手腕弯曲有弹性，根据习惯握住球棒（图5.1a）。

手臂的位置

1. 双手应该位于脑后较舒服的位置。

2. 前臂弯曲，不要完全靠后或伸直。

3. 后臂放在控制球棒的位置（图5.1b）。

下半身

1. 对于高水平的球员，击球站姿可以自己确定。但是在这里我们建议，初学者双脚要垂直于本垒，双脚分开，稍稍比肩宽。

2. 重心要完全分布在双脚的内侧。双膝稍稍弯曲，身体呈舒适的运动姿势（图5.1c）。

图5.1　球棒的握法和站姿

错误

握法是为了让你控制球棒，也就是说，挥棒的时候应该能时刻感觉到和控制住球棒。两手的指关节连成直线（用手指握棒）或者握棒太紧，会导致你在启动和结束挥棒时失去控制。

改正

改正这种错误的一个好办法，就是用斧子的握法来挥棒球棒。现在开始平行于地面进行挥棒。如果球棒向上抬起，说明手掌握的太深。相反，如果球棒向下，说明用手指来握棒了。

错误

我们经常听见教练喊"肘部朝上"或者"肘部朝下"。其实击球时肘部的位置应该取决于击球员的个人喜好。真正的错误在于每次握棒手法都不一致导致的。

改正

不要在意肘部位置，先确保你的握法正确，保证每次挥棒时，握法都是一致的。要是每次都不一样，说明你还没有完全控制住球棒。要改正这个错误，应该在打击练习时进行录像。一般来说，通过录像去改正挥棒问题要比单纯的语言指导更容易些。

错误

调整挥棒时，重心分布也是一个很容易被忽视的错误。如果重心被转移到后脚的外侧，那么在挥棒时很难使重心向前。

改正

我们要时刻记住，重心应该分布在双脚的内侧。如果大部分重心分布在脚的外侧，你需要暂停并重新调整站姿。如果感觉不到重心，可以通过观看视频来纠正。

挥棒

现在我们介绍挥棒动作。不同的击球员挥棒的动作有所不同，但是优秀的挥棒动作却有共通之处。挥棒动作包括引棒（图5.2a），挥棒轨迹和击球点（图5.2b），以及随挥（图5.2c）。

引棒

1. 引棒时，双手稍微往后移动，但是不要把前臂完全伸直。

2. 双手朝上立起，使身体最大限度地感觉并控制球棒。

3. 稍微提臀，重心位于后脚的内侧。

4. 根据击球员的喜好，前腿可以抬起、抬高或原地不动。

5. 引棒时，头部保持不动，下巴向前肩收紧（图5.2a）。

挥棒轨迹和击球点

1. 引棒动作时，目光紧盯来球，所以下巴会自然收紧。

2. 前脚着地时，双手开始挥棒。

3. 双手使球棒从引棒的位置快速进入击球位置，并瞄准球的内侧击打。

4. 挥棒时，臀部旋转，身体重心从后脚内侧转移到前脚内侧。

5. 前脚用力站稳，伴随着臀部的旋转，会把力量通过重心的移动转移到击球点上。

6. 在击球的刹那，后腿旋转，成L形。

7. 后臂不要翻腕，保持住一手掌心朝上，一手掌心朝下的姿势。

8. 头部、后肩和膝盖应该垂直成一条直线，位于双脚之间（图5.2b）。

图5.2 挥棒

图5.2　挥棒（续）

延长击球点和随挥

1. 延长击球点，即球棒接触击球点后，双手要把球棒继续往前送，把击球点从一个点，延长为一条线。教练经常说把球"打穿"就是这个意思。

2. 双手随着臀部的旋转继续向前完全伸展，这就是我们所说的击球点第二次延伸。这个动作可以最大化地把力量通过球棒传递到球上。

3. 当球被击出后，肩部继续旋转（图5.2c）。根据击球员的随挥喜好，也可以松开后臂，单手结束。

4. 随挥时，头部尽量保持在身体中轴线，直到随挥结束，下巴收紧贴在后肩上。头部在随挥时保持稳定，有利于挥棒过程中眼睛盯球和挥棒时上身的连贯性。

错误

有时双手的引棒动作过大，导致球棒掉下来或者晃动。在挥棒时会造成拖棒的现象，延误击球的时机。

改正

保持球棒直立，不要使其朝前或者朝后倾斜太多。只有直立球棒，才能在启动挥棒的时候最大限度地控制球棒，减少手加速时产生翻腕的情况。

错误

在这里我们要强调一组经常出现的错误。第一，球棒必须及时到位，没有及时到位往往是引棒错误造成的。第二，能否成功击球完全依赖对时机和节奏的把控，如果失去时机和节奏，将影响挥棒的稳定性。

改正

挥棒时机对于任何水平的球员都是一个难题。要通过自己调整挥棒动作才能发现最适合的时机。正确的挥棒动作包括控制双手引棒的深度，引棒时抬脚的高度以及前脚落地的时机。以上三点都是挥棒节奏和时机把握的重要因素。

错误

如果在击球时，头部向前或者向身体的一侧移动，那么视线也就同时移动了。这种头部的移动会使击球员对球的判断产生误差，从而导致不正确的挥棒动作。

改正

在击球时保持头部不动是一种很难培养的习惯。我们可以用击座训练或者录像回放的方式来帮助击球员形成这种习惯。改正这种习惯最好的方式就是习惯盯住球。

挥棒的训练

在此我们必须说明，棒球运动中的挥棒动作是一种复杂的技术动作。它是身体各个部位高度协调下的一系列脑力和体力动作的结合。我们可以通过不同的方式来进行挥棒训练，如击座训练、抛击训练、前抛击训练，以及打击训练等，来满足击球员的具体需要。我们在挥棒训练中也会按照这样的方式进行训练。

"吃准"球，或者说完美的击球，可以被定义为击球员顺着来球的路线和角度，以相同角度将球直线击出。请你记住这一点，我们下面的训练目的就是让击球员通过重复的挥棒动作，在球接触球棒的时刻完成完美的一击。

每一次挥棒都会有一个结果，我们称之为球的轨迹。通过球被击出后飞行的轨迹，我们可以评估每一次挥棒的质量，对击球员击球时机或者发力错误进行及时的反馈。通过这种办法，我们可以对挥棒动作进行微调，来纠正挥棒中的错误动作。

击球训练1 击座训练

　　击座训练可以让击球员忽略球的运动。击球员把球放在一个固定的击球点上。我们的第一个训练，将球放在和击球员腰带相同高度的位置上，与前脚平行，本垒板的中间（图5.3）。这是一个中外场安打的最佳击球点。每组训练重复击打10次，让球穿过场地的中间。

图5.3 击座训练

增加难度

- 击座训练有很多种变化。每一种变化都针对击球员在场上特定的击球需要。下面是击座训练的几种变化方式。
  - 内角、外角。
  - 高球、低球。
  - 盲打。
  - 迈步挥棒。
  - 用小号球棒，练习单手挥棒。

降低难度

- 将打击座放在本垒正中间的击球点上，不更换位置。

成功的标准

- 击球后，球的飞行轨迹如何？球是不是直线飞行？球落地时有没有上旋？
- 你是否感觉到每次吃准球和没有吃准球，挥棒有何不同？
- 每次挥棒能否做出调整？
- 每次挥棒动作是否保持一致。

给自己的训练打分

重复10次。

打出二垒手和游击手之间的穿越安打得1分。

在同样的区域击出强力地滚球得0.5分。

球落在指定区域外20英尺或者其他区域得0分。

你的得分_____（10分）

击球训练2　抛击训练

　　在之前的训练基础上，抛击训练增加了球的飞行和身体节奏的配合。教练或队友在另一击球区的方向单膝跪地，击球员在击球区做出击球的准备动作。教练向击球员抛球进行练习。教练向后引臂时，击球员开始引棒；教练手臂先前抬起并抛出球，击球员启动挥棒(图5.4)。本训练共分为3组，每组8个球。

图5.4　抛击训练

增加难度

- 让队友从接手区抛球。
- 加快抛球的节奏。
- 改变击球员的击球点（上、下、里、外）。
- 用小号球棒，单手挥棒练习。

降低难度

- 减慢抛球的节奏。
- 每一次将球抛向同一个击球点。

成功的标准

- 成功的标准与击座训练相同。
- 因为球是在飞行状态，所以可能影响到击球员的挥棒时机和节奏。
- 你的挥棒及其结果和击座训练相同吗？

给自己的训练打分

每组动作重复8次。

打出二垒手和游击手之间的穿越安打得1分。

在同样的区域击出强力地滚球得0.5分。

球落在指定区域外20英尺或者其他区域得0分。

第一组得分_____（8分）

第二组得分_____（8分）

第三组得分_____（8分）

你的得分_____（24分）

击球训练3　前抛击训练

前抛击训练是抛击训练的一种变化形式。教练位于护网的后方，击球员的正前方，距离20英尺到30英尺（图5.5）。教练抛出的球速度较慢，击球员对来球进行更准确的观察。较慢的球速还可以让击球员更准确地掌握挥棒时机和发力动作。从这个角度抛球，击球员打出去的球的飞行路线也更真实。本训练共分为3组，每组8个球。

图5.5　前抛击训练

增加难度

- 训练时可以要求打与目标区域偏离一定角度的球，这样可以避免击球员转体过早。
- 教练可以将球反弹到击球区，来代替向击球区抛球。这样会迫使击球员改变击球时机。这种改变要求击球员双手要"等住"，从而对球棒进行更有效的控制。
- 每次抛球的速度不同。

成功的标准

- 每次都吃准球了吗？
- 每一次挥棒都感觉到了身体的调整了吗？

给自己的训练打分

每组动作重复8次。
打出二垒手和游击手之间的穿越安打得1分。

在同样的区域击出强力地滚球得0.5分。
球落在指定区域外20英尺或者其他区域得0分。

第一组得分_____（8分）
第二组得分_____（8分）
第三组得分_____（8分）
你的得分_____（24分）

击球训练 4　标准的打击训练

打击训练（BP）中，教练位于投手丘和本垒之间一个合适的距离处，在护网的后方向击球员投球。我们可以专门写一本书来介绍打击训练的各种训练方式，但是标准的打击训练是由教练向击球区投球开始的。投球轨迹应该平直，让击球员有更多的精力来关注击球的时机。我们可以通过增加投球的速度，来提升训练的难度。训练的目的是让击球员能够通过不断地挥棒，来找到正确的击球点。本训练共分为四组，每组8个球。

增加难度

- 针对击球员在击球区的弱点进行打击训练。
- 无论什么落点的球，改变击球的击球点。
- 在每一组投球中，加入不同的变化球。

降低难度

- 缩短教练投球的距离，朝着一个固定的位置投球。
- 将球投向击球员的发力点，让击球员在提升难度之前巩固正确的挥棒动作。

成功的标准

- 你能够不断地处理好每一个球吗？
- 在对待抛向你的每一个投球时，是否能做出一定的调整？
- 在每组训练中，你能做出哪些调整？

给自己的训练打分

每组动作重复8次。

将球准确地按直线击出，或者击出地滚球得1分。

击出高飞球，但是"吃准球"得0.5分。

击出内场高飞球得0分。

第一组得分_____（8分）

第二组得分_____（8分）

第三组得分_____（8分）

第四组得分_____（8分）

你的得分_____（32分）

触击球

触击球永远都是进攻必不可少的一部分。无论在什么队伍，或者水平如何，你都必须掌握牺牲式触击球。图5.6会向你介绍牺牲式触击球的最佳技术动作。

握法和手的位置

1. 前手放在球棒的中间部分，用食指和大拇指捏住球棒的平衡点。

2. 用手捏住球棒时，不要把手指漏出来（不要用手指去包住球棒）。

3. 底部的手应位于球棒把手稍微靠上的位置，作为触击球时球棒的一个旋转支点。

4. 一定要保证身体远离球棒，棒头要高于把手，保证触击球时，球会朝向地面而不是向空中弹起（图5.6a）。

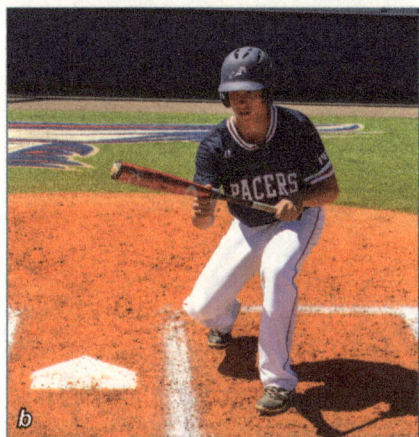

下半身的动作

1. 在完成牺牲式触击球时，下半身的动作与正常击球姿势相同。

2. 唯一的区别在于双脚的指向，要使脚趾面对投手，重心比正常击球时要低一点。

3. 双脚尽量平行站好，保持运动姿势，以保证若是球被投向击球员身体时，击球员可以迅速躲开（图5.6b）。

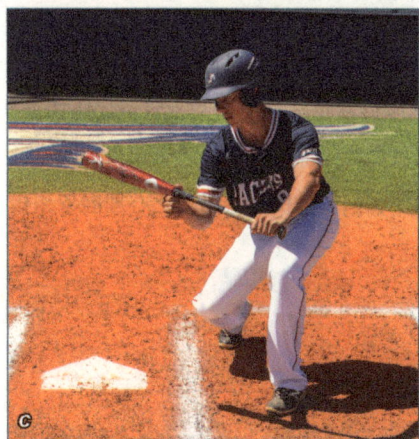

击球点

1. 触击球时，要将棒头部分覆盖本垒，以便能够将球打进界内区域。

2. 击球点应位于身体的侧前方，有利于击球员用手臂来卸力，以免球击得过猛。

3. 在开始时，尽量站在击球区的前面，用棒头部分覆盖本垒并将球棒放在好球区的上限位置。这个位置可以让击球员更加迅速判断出是好球还是坏球。如果球高于球棒，那么一定是一个坏球（图5.6c）。

图5.6　触击球的技巧

错误

前手在球棒上的位置太靠上或太靠下，导致球棒在手中不平衡。

改正

要确定前手位于球棒的平衡点上，在这个点上可以用一只手使球棒与地面保持水平。

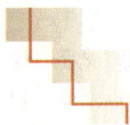

错误

双脚分开与肩同宽，正对投手（与投手垂直）。

改正

要保持双脚平行，可以有效躲避中身球。

错误

球被触击到界外区域。

改正

首先一定要站在击球区的前方，并用棒球部分护住本垒板的前面。这是让球打进有效区域的最高概率位置。

击球的意识

击球的心理和挥棒一样重要。在高级别比赛中，击球的心理和意识是成功持续挥棒和调整挥棒的关键。让我们回顾之前提到过的内容，每个训练都会有一个具体的目的，因此击球员的训练也要有针对性。例如随着投手技术水平的提高，投球会更加稳定，可以持续将球投到更难击打到的区域。所以作为击球员，应该针对不同的区域进行反复打击练习。

击球员的每一次挥棒都要有一个特定的目标，你应该在每一次挥棒前，每一局比赛前，包括每一天的训练前都要做好心理上的准备，保证每一次挥棒都有极高的质量。每一次无目的的挥棒是一种坏习惯。由于挥棒需要正确的身体动作和击球时机，所以缺乏心理准备和相应的策略，会导致坏习惯的养成，阻碍击球员的进步。

总结

　　击球的确有难度，事实上，击球永远都不是一件容易的事情。我们设计这些训练的目的，就是让初学者能够掌握并调整挥棒的基本动作。说句实在话，我们这些训练的强度，也许连大学或者职业棒球队中击球员一天的训练量都不如。但是这些方式足以让你看清自己的水平。我们设计的训练，不仅仅可以让你成为一名优秀的击球员，更是为了让你发现自己的缺点，并根据挥棒的感觉和击球的效果，不断改进并提高自己的水平。

击球训练

1. 击座训练得分　　　　　　　　　　　　　_____（10分）

2. 抛击训练得分　　　　　　　　　　　　　_____（24分）

3. 前抛击训练得分　　　　　　　　　　　　_____（24分）

4. 标准的打击训练得分　　　　　　　　　　_____（32分）

　　总得分　　　　　　　　　　　　　　_____（满分90分）

　　如果你的成绩高于70分，那么恭喜你，你已经掌握了基本的击球动作，并且可以凭借这种击球能力成功进入下一章的训练。如果你的成绩低于60分，一定要不停地重复练习那些让你觉得困难的训练。可以降低这些训练的难度，确保形成正确的技术动作，以及把握住合理的时机。

第**6**章

跑　垒

第1章到第5章的训练内容旨在提升球员个人的技术水平。在通往棒球成功之路的后半程，我们来了解团队协作方面的一些知识。虽然跑垒也是一种个人技巧，但是通常以团队形式进行训练。因此本章节的训练，我们将用团队协同配合及其实战训练的方法来进行。

本章的内容随着挥棒的结束而开始。当球被击出的瞬间，击球员的角色就变成了跑垒员。因此我们要介绍的第一个内容就是让击球员离开击球区，沿着一垒线跑向一垒。然后是提前离垒、盗垒、滑垒以及特定局面跑垒的技巧。

跑垒是场上经常被人们忽视，缺乏系统训练，却容易最终付出惨痛代价的一个环节。我们发现重视跑垒环节的球队，在进攻方面往往优势更大。本章的目的就是给球员示范正确的跑垒动作，以及如何在日常训练中去布置和开展。那么下面就准备开始训练。

离开击球区

跑垒需要球员在合理控制的前提下，发挥出身体最大的运动能量。这种控制意味着跑垒员必须掌握场上形势，正确预判接下来可能发生的情况，并时刻注意球的位置。当球离开击球员球棒的一瞬间，击球员转变为跑垒员。因此，跑垒的第一步就是从本垒跑向一垒（图6.1），然后是如何转弯（图6.2），以及多垒安打时的跑垒（图6.3）。

1. 当击球动作结束后，击球员应扔掉球棒（图6.1a），转变为跑垒员。

2. 跑垒员应尽全力跑向一垒。

3. 在30英尺处，跑垒员应该去观察球的动向，防守球员是否干净利落地接到了球（图6.1b）。

4. 在接近垒包时，跑垒员不要放慢速度，继续保持向前。

5. 跑垒员应将脚踏到垒包的前方，继续保持全速向前。

6. 穿过一垒垒包后，约两步的距离，开始减速，身体保持运动姿势，回头观看一垒有没有失误漏接球的情况（图6.1c）。

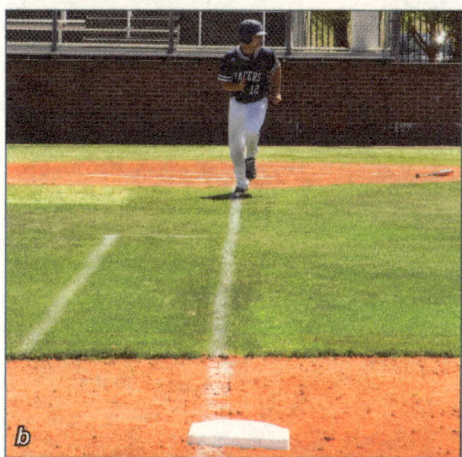

图6.1 跑向一垒

1. 球被击出后，跑垒员应该全速跑向一垒。

2. 跑到一半时，转头看球的位置（图6.2a）。

3. 找到球后，大约跑到一半多一点的位置，跑垒员开始准备转弯（图6.2b）。因为这个跑动的路线与香蕉的形状相似，所以经常把这种跑法称为香蕉式跑垒。

4. 跑垒员开始偏离垒线，然后在接近垒包时左肩下沉。

5. 跑垒员用左脚蹬踏垒包的内侧，借力向二垒弹射。

6. 转弯后，连续用力加速几步，加速过程中抬头看外场的回传球情况（图6.2c）。

7. 若没有机会继续进垒，应立刻转身回到一垒。

图6.2 转弯

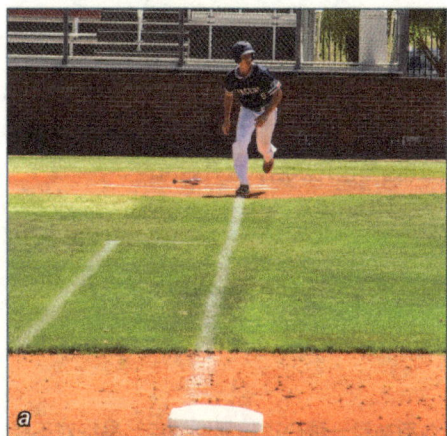

1. 跑垒员按照上一步介绍的香蕉式跑法继续进垒（图6.3a～b）
2. 当跑垒员踏垒后，应该全速冲向二垒（图6.3c）。
3. 在一半路程时，跑垒员应观察球的位置。
4. 如果球传向二垒，跑垒员应该准备滑垒。如果没有传向二垒，那么跑垒员要观察三垒教练的指示，完成下一步的行动。

图6.3 多垒安打时的跑垒

错误

为踩垒包去调整步法，会减慢上垒效率，有时还会导致摔跤。

改正

全速跑向垒包，只踏垒包的前方。在跑过垒包几步后，才开始减速。

错误

一垒安打后，跑垒员没有全力去跑垒。这是常见的错误，时间长了会养成转弯不积极和延误上二垒的时机。

改正

一垒教练永远都要指挥跑垒。不全力跑垒是一种心理层面的缺点，是绝对不能容忍的，所以球员必须尽快改正。记住，心里面永远都要有再进一个垒的准备和心态，唯一能阻止你进垒的只有对方的防守。

错误

在转弯时，弧度过大，会延缓上二垒的时间。

改正

在不减速的情况下，采用小角度绕过一垒，然后直线跑向二垒。

跑垒训练1　离开击球区

　　跑垒的第一个训练就是一垒教练与跑垒员之间的交流。所有球员在本垒前站成一排，每个球员模拟击球后开始跑垒。在无球的情况下，一垒教练负责指挥跑垒员轮流或者两人一组直线跑向垒包。这个训练的目的是让球员读懂指挥并全速奔跑，以及建立球员与教练之间的互相信任。每个球员完成5组重复动作。

增加难度

● 在打击训练的同时进行跑垒训练。

降低难度

● 分解动作（如针对不减速踏垒专项训练）。

成功的标准

- 根据每一个球员的努力程度和跑垒技术进行打分。
- 练习连续进垒时，一定要让跑垒员在转弯时拐小一点的弧度，并只踩垒包的前方。
- 计算跑垒时间，并告诉队员。

给自己的训练打分

重复10次。

每一次尽全力并全速跑动得1分（在5组训练中得分不应低于5分）。

在保证节奏合理的前提下，每次能够用脚触到垒包的内侧或者前部得1分。

跑动中节奏混乱得0.5分。

跑动中弧度过大得0.5分。

跑动中摔倒在垒包上得0分。

跑动中没有踏在垒包的前方得0分。

在跑动中没有减速，没有观察右侧情况得0分。

你的得分_____（10分）

提前离垒

在整个比赛过程中，提前离垒似乎是最不需要指导或者练习的部分。然而当投手合手以后，能否把跑垒员放在合适的位置其实是非常重要的。事实上，提前离垒是每个大学冠军队伍练习最多的项目，也是应该列为每天常规训练的项目，因为一个有效的提前离垒可能会获得一个额外进垒或者直接出局。下面我们介绍三种不同的离垒情况：一垒离垒（图6.4）、二垒离垒（图6.5）和三垒离垒（图6.6）。

图6.4　一垒离垒

图6.4　一垒离垒（续）

1. 跑垒员脚跟踩在垒包上，面向二垒。

2. 跑垒员沿垒线向二垒迈出2到3步，转身面向投手，然后再加1到2个侧滑步。离垒距离应该保证被牵制时能够立刻转身加上反扑回到一垒。所谓牵制是指当垒上有进攻方球员时，投手或者接手将球投向该垒，触杀跑垒员的行为。

3. 当跑垒员在这个位置上时，身体保持运动姿势，双脚分开为肩宽的1.5倍。臀部下沉，头部位于身体的中轴线（图6.4a）。

4. 如果跑垒员不进行盗垒，那么他应该单向离垒，即把身体的重心要稍稍偏向一垒，提前假设要被牵制（图6.4b）。

5. 投手投球出手后，跑垒员应进行第二次离垒，向二垒方向再进行2个侧滑步，并观察球的运动情况（图6.4c）。

6. 当球进入击球区时，跑垒员的重心应位于身体的中部，便于跑垒员根据投球的结果朝两个方向中的任一方向移动。

错误

离垒的距离过远或者过近，这是离垒练习不够的球员经常出现的错误。

改正

提前离垒的最舒服距离应该是一步加上一个回扑正好回到垒包的距离。对于速度较慢的球员来说，离垒的距离应该比速度较快的球员短一些。

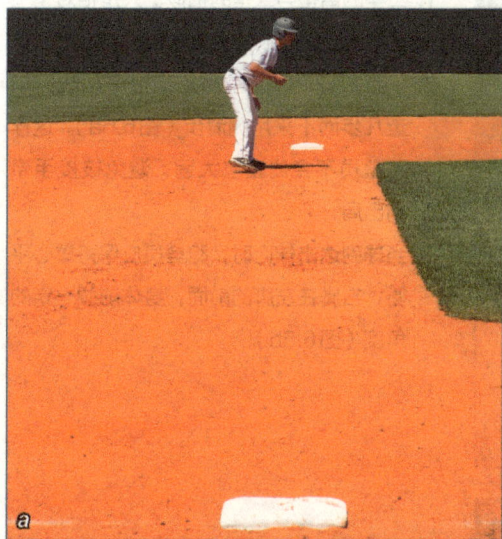

1. 与一垒离垒时相同，跑垒员应站在垒线上（图6.5a）。

2. 二垒离垒距离比一垒还要再多出1个迈步加上1个侧滑步，因为二垒的回垒时间比一垒充足一点。

3. 一些跑垒员喜欢在离垒时站在垒线后1步到2步的位置（图6.5b），然后在第二次离垒时，才回到垒线上或者与跑垒线平行的位置。这种方法目的是减小三垒的转弯角度，应该根据教练的指挥来使用。

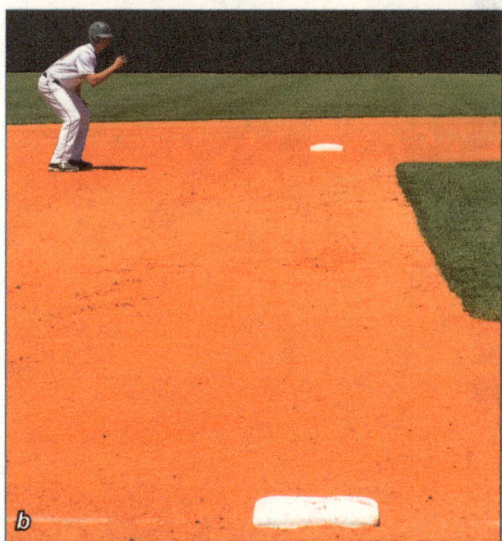

图6.5 二垒离垒

错误

注意初始离垒距离不应过远，这会为投手制造牵制的空间。

改正

我们建议跑垒员应尽可能靠近垒线。

1. 三垒的离垒与二垒的相似。只是相对于一垒来说，被牵制的概率较小。

2. 投手投球后，跑垒员应该沿着垒线向前走几步而不采用侧滑步（图6.6a）。这样跑垒员不会离垒包太远，避免被接手牵制出局。

3. 当球到达击球区时，跑垒员应保持重心平衡，右脚在左脚的前面，身体前倾一定的角度（图6.6b）。

图6.6　三垒离垒

错误

若双肩正对接手，被牵制时回垒较难。

改正

保持身体平衡状态，时刻做好返回垒包的准备。

跑垒训练2　离垒并观察比赛

这是在打击训练时进行的一个很好的团队训练项目。首先让跑垒员分别位于场地上的每一个垒位上，在每组训练后，依次改变位置。教练模拟投手投球的动作，投球或者投出牵制球。跑垒员在垒上练习离垒，或者被牵制回垒。每个球员在每一个垒位上重复练习5次。

增加难度

- 不按规律进行牵制。
- 改变投球的节奏。

降低难度

- 把牵制和正常投球分开练习
- 每次只使用一种技巧，使跑垒员能够针对专项动作进行练习。

成功的标准

- 跑垒员能否完成高质量的离垒?
- 有人被牵制出局吗?
- 在第二次离垒时，跑垒员能够保持身体的平衡吗?

给自己的训练打分

每组动作重复5次。

每一次成功离垒，并在每一个垒上能够观察比赛得1分。

被牵制出局得0分。

一垒得分_____（5分）

二垒得分_____（5分）

三垒得分_____（5分）

你的得分_____（15分）

盗垒的艺术

　　盗垒不是单纯的速度，它是各种技术综合在一起的艺术。我们下面要关注的是二垒盗垒（图6.7）和三垒盗垒（图6.8）的技术动作。让跑垒员能够掌握正确的盗垒技术，而不是单纯的强化速度。虽然速度是盗垒成功与否的一个重要因素，但是通过我们的技术练习，一般可以实现平均提前一步到二步上垒的距离。

　　面对右投手时，跑垒员可以对投手静止状态时间进行读秒，计算他的合手时间。如果投手每次投球的静止状态时间相同，那么跑垒员就完全可以利用读秒来进行盗垒。

　　跑垒员同时还要注意观察投手把球投到本垒的时间。球从投手启动到进入接手手套大约需要1.3秒。任何快于1.3秒的情况，都会使对二垒进行盗垒变得更加困难。这个时间与接手的起身传杀时间相加，我们就确定了盗垒所需的时间。例如，如果一个接手的传杀时间为2秒，一个投手的投球时间为1.3秒，那么我们就有3.3秒的盗垒时间。这对于大部分球员来说，很难做到。当我们了解这些情况之后，你到达垒包的时间是多少？你盗垒所需要的时间又是多少呢？

图6.7　二垒盗垒

1. 一垒离垒时跑垒员身体重心应该保持平衡（图6.7a）。
2. 面对右投手时，跑垒员应观察投手脚后跟动作。如果投手静止后，脚后跟抬起，那么投手将要牵制了，跑垒员应迅速回垒。

3. 如果投手前脚抬起，跑垒员应该使用1个交叉步来转体，然后下半身用爆发力朝二垒方向奔跑。在整个动作中，头部保持水平，不要抬起（图6.7b）。

4. 面对左投手时，投手在进入静止状态后做出第一个动作，跑垒员就起跑盗垒，还是用1个交叉步来转体。

5. 当跑垒员跑出几步后，应去查看击球手是否挥棒并击中球，或接手是否接到球（图6.7c）。

图6.7 二垒盗垒（续）

错误

跑垒员盗垒时，离垒距离过大，或动作明显改变，防守方会很容易判断出跑垒员的意图，并示意投手投出牵制球或撤板。

改正

总是采用相同的离垒距离，不要暴露出盗垒的意图。

1. 与二垒的离垒距离相同，跑垒员位于垒线上（图6.8a）。

2. 当投手静止后，跑垒员要注意观察投手的头部，如果投手向后看，那么跑垒员应保持双脚不动。当投手面向本垒时，跑垒员轻轻向三垒靠近。

3. 投手看向二垒的节奏通常有一定的规律。一般情况下，对于看两次的投手，跑垒员要在投手第二次看向二垒之前保持不动。

4. 当投手面向本垒，并完成第二次回头观察二垒后（以两次为例），跑垒员朝三垒侧滑出一大步。如果投手将球投向本垒，跑垒员将迅速启动盗垒（图6.8b）。

5. 如果投手没有出手，那么通过侧滑步及时刹车并撤回到垒上（图6.8c）。

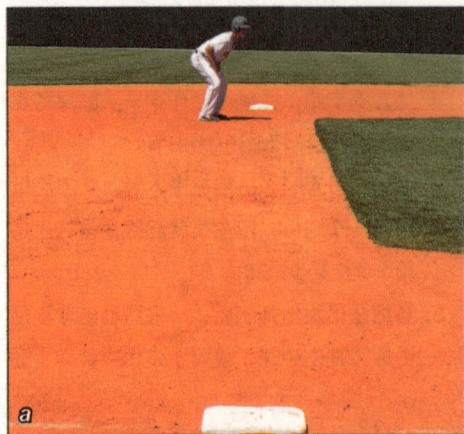

图6.8　三垒盗垒

错误

如果跑垒员采用笔直站立的方式进行盗垒，那么一般的牵制都会造成出局。

改正

盗三垒时，跑垒员的双脚必须时刻处于移动状态还要计算球从出手到本垒的时间。

跑垒训练3 二垒和三垒盗垒

二垒盗垒的最佳训练方式，是让教练或者投手位于投手板上，让跑垒员位于一垒和二垒上，每一个跑垒员在每一个垒上练习5次盗垒动作。投手先轮流牵制一垒和二垒，然后改成随机牵制，训练要以比赛节奏进行。通过这个训练，跑垒员可以学习掌握合适的时机，以及正确的交叉步动作。

增加难度

- 让投手和防守球员进行实战练习。

降低难度

- 让教练当投手。
- 加大投球之间的间隔时间，并在每一次投球前告知局面要求。

成功的标准

- 你能够把握投手投球的时机吗？
- 你是否被牵制出局？
- 你能始终确保自己的离垒距离是一致的吗？

给自己的训练打分

每组动作重复5次。

每一次成功盗垒得1分。

如果离垒距离正确，但是回垒不及时，得0.5分。

你被牵制出局得0分。

一垒得分_____（5分）

二垒得分_____（5分）

你的得分_____（10分）

滑垒

很多青少年球员认为滑垒很有趣，但是很多父母却不同意这种看法。因为他们要不停地清理孩子白色短裤上的红色泥点。也许我们会在另一本书中，记录父母和孩子们关于滑垒的对话。滑垒的确有趣，是一种千钧一发的冲刺动作。但是，实际情况是很多球员都没有学好滑垒的正确动作。下面我们来介绍滑垒的正确动作，以及在什么情况下使用这些滑垒动作（图6.9和图6.10）。

图6.9 脚前式滑垒

1. 跑垒员应全速跑向垒包。

2. 当跑垒员离垒包大约15英尺时，准备滑垒动作。

3. 当跑垒员离垒包5英尺到10英尺时，应将一条腿展开向垒包滑行。

4. 另一条腿弯曲成L形，位于展开腿的下方。

5. 身体的重心应位于弯曲的腿和臀部处。

6. 展开的腿应该触到垒包，并一直滑到垒包的上方。弯曲的腿使跑垒员停下来。要是想滑垒后立刻站起来，展开的腿应落在垒包的前边沿上，利用惯性把身体弹起来。

错误

靠伸展腿滑行，上身完全暴露给对方进行触杀。

改正

靠弯曲的后腿滑行，能有效缩小目标，避免身体被触杀，同时也有利于跑垒员观察内场是否出现失误。

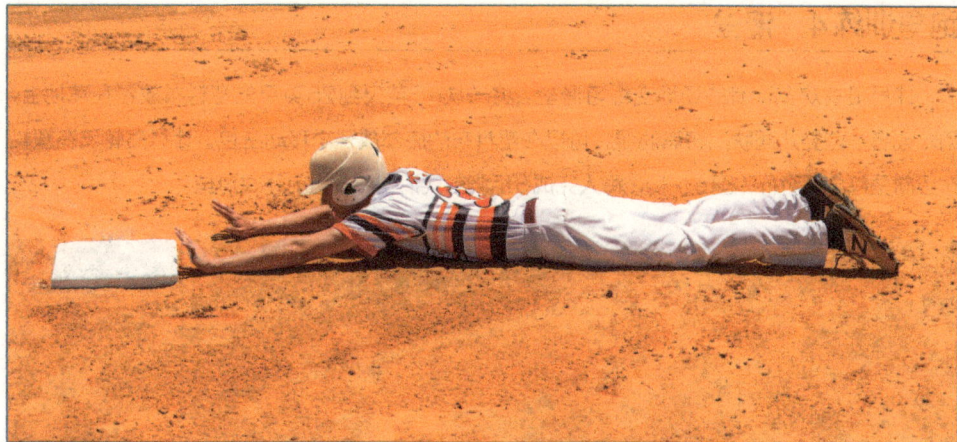

图6.10 前扑式滑垒

1. 回垒时一般都会使用这种方式，但是在跑垒时跑垒员可以自行决定。

2. 在使用前扑式滑垒时要记住两点原则:(1)不要在回本垒时使用;(2)不要在上一垒时使用。

3. 扑垒时，保持手掌朝上立起来，避免手指戳到垒包。

4. 扑垒时，保持头部抬起。

错误

这种前扑式滑垒方式回本垒，容易在与接手的冲撞中受伤。

改正

谨慎使用前扑式滑垒，尽可能使用脚前式滑垒。

跑垒训练4　滑垒

　　球员最喜欢在湿滑的场地上练习滑垒。将一块15英尺到25英尺的塑料布放置在草地上，用水或者一些婴儿润肤油将其润湿，可以在塑料布的底部放一个移动垒包。让球员轮流在塑料布上向垒包全速滑行（图6.11），每人完成5组脚前式滑垒和5组前扑式滑垒。

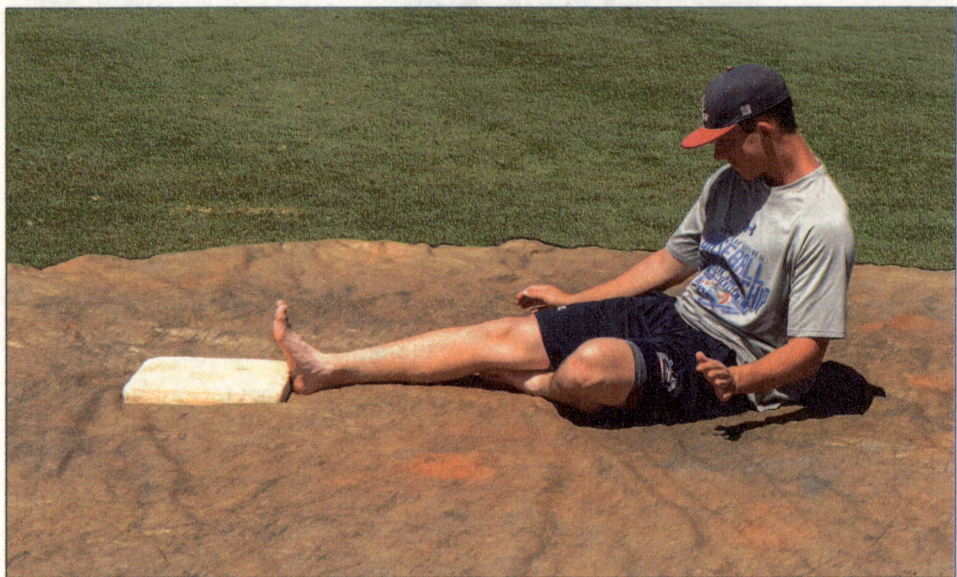

图6.11　滑垒训练

增加难度

- 不在润滑地垫上进行训练，在真实的内场进行训练。

成功的标准

- 跑垒员在滑垒时前脚是否展开？
- 在跑垒员滑行时，手掌和头部是否朝上抬起？

给自己的训练打分

重复10次。

使用正确的技术动作进行滑垒得1分。

滑垒时腿部动作不正确得0分。

你的得分＿＿＿＿＿＿（10分）

总结

在后续章节中，我们会在第10章中再一次看到有关跑垒的介绍。在本章所介绍的一些基本的跑垒技巧的基础上，我们会在第10章中把技巧融入局面。同时详细介绍触杀、额外进垒、后位跑垒员、跑打战术、保送跑垒员和得分。在迈出通往成功之路的下一步时，你需要熟练掌握本章所介绍的一些基本技巧。

跑垒训练

1. 离开击球区得分 _____（10分）
2. 离垒并观察比赛得分 _____（15分）
3. 二垒和三垒盗垒得分 _____（10分）
4. 滑垒得分 _____（10分）
   总得分 _____（**满分45分**）

如果你的得分高于40分，那么恭喜你，你可以进入下一章节的学习。如果你的成绩低于40分，那么你还没有有效地掌握一些细节动作，你需要继续重复练习来改正相关缺点。继续努力，为我们通往成功之路的下一步做好准备。

内　场

在前6章中，我们已经介绍了成为一名棒球球员所需要的基本本领。在下面2章中，我们要学习在场上的具体位置中运用这些技巧。本章的内容是关于内场技巧，我们要详细介绍有关一垒、二垒、三垒和游击手位置上的一些重要技术。

本书后面章节介绍的内容，是让球员能够在团队运动中发挥自己所掌握的技能。通过这种方式，你能继续提高自己的棒球智商，这也是我们从第一步开始，自始至终的重要目的。我们再一次强调棒球是以团队合作理念为核心的个体运动，所以你需要在防守时明白个人的责任。

每一个内场手都要清楚认识棒球的基本原则——所谓的棒球真理。第一个原则就是抓出局数，防守的主要目的就是抓进攻方3个出局。所以只要出局的机会来了，就要把出局牢牢抓住。这一原则会引出我们的第二个原则，即常规守备。我们已经进入了第7章，球员通过每天的重复训练，已经非常熟悉如何守备地滚球了，所以内场的失误往往是因为注意力不集中造成的。因此。我们认为内场失误是心理因素造成的。作为一名内场手，尤其是一名游击手，在团队防守中绝对不能犯这种错误。

由于内场防守是建立在心理层面的，因此需要每一个内场手在思想上要时刻认清场上的局面。内场手在对待每一个球时都要履行自己的具体责任。在球击向他或者没有击向他的时候，都需要明白应该做什么。认清场上局面就是要综合场上的各种因素，例如局数、分数、进攻球员出局人数、好坏球球数、击球员和投手的习惯、击球员和跑垒员的速度，以及跑垒员的位置等。

这些因素会决定防守球员如何根据场上的各种情况来履行自己的防守任务。那么，决定我们防守行动的第一种情况，就是投球前的站位。

投球前的站位

虽然有些站位可能根据比赛场地的尺寸和条件，以及特定的防守需要会有所改变。但是对于绝大多数的内场手来说，投球前应该采用标准站位。下面即为针对场上的不同局面，内场手应采用的标准站位（图7.1 ~ 图7.3）。

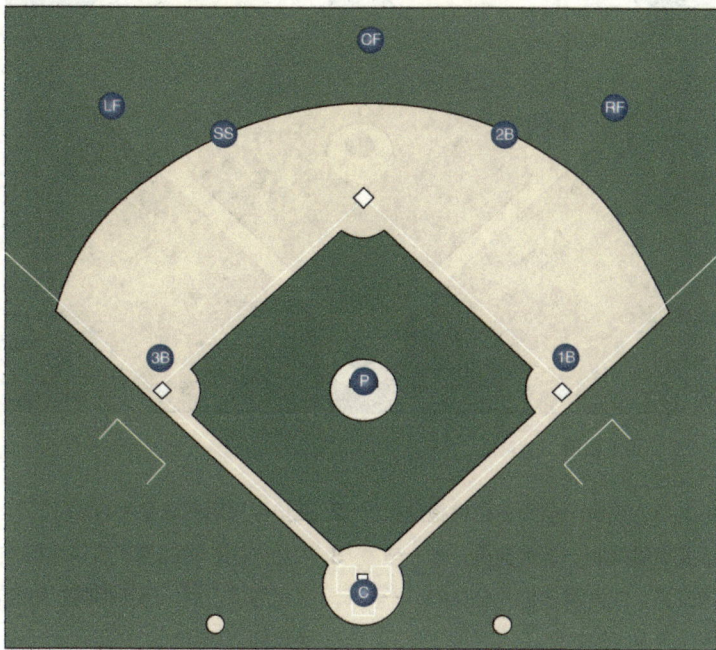

图7.1 标准站位

1. 一垒手和三垒手的站位应平行于垒包和垒线后方约10英尺到15英尺。

2. 二垒手和游击手应位于内场后侧边缘的位置，与二垒垒包的距离约为垒线距离的1/3。

3. 根据比赛的需要，内场手可以朝各个方向稍微调整位置。

4. 内场手还可以根据场地情况和个人喜好，朝各个方向稍微调整位置。

错误

不记得场上的局面，会导致内场守备失误。例如，当一个速度快的跑垒员企图进行触击上垒时，位于内场角落的球员（一垒手、三垒手）仍然保持标准站位。

改正

与其他内场手和教练进行沟通，有助于球员根据场上的情况随时调整站位。

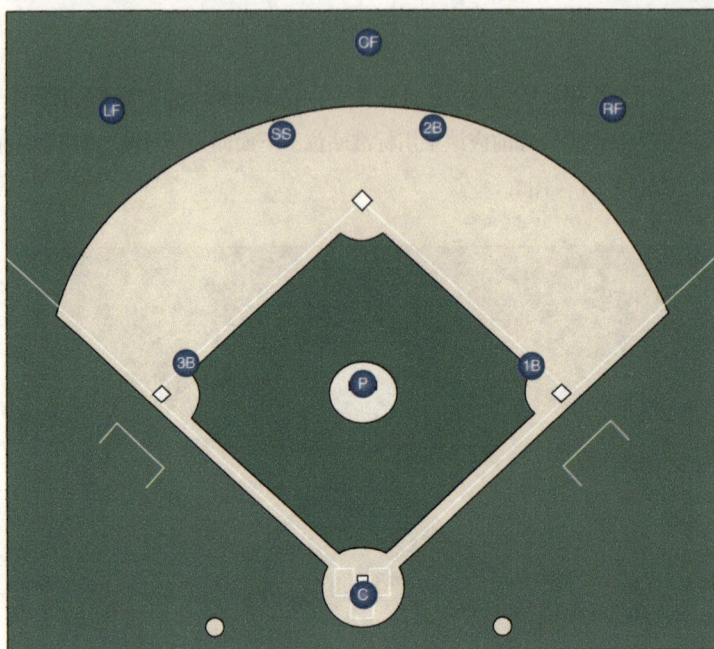

图7.2 双杀站位

1. 当一垒有跑垒员，或者一垒和三垒有跑垒员时，一垒手要负责牵制一垒跑垒员。当一垒和二垒有跑垒员，或者满垒有跑垒员时，一垒手要采用标准深度的站位。

2. 三垒手采用标准深度的站位。

3. 内场中间位置的球员应该比标准站位浅，向二垒靠近一点，保持相同的角度，离垒位15英尺到20英尺。

错误

根据场上的情况，内场中间球员要彼此沟通，再决定由谁去补防二垒。内场中间球员缺乏彼此沟通，会浪费潜在的出局机会或者导致一到二名防守球员失位。

改正

球员有责任充分了解自己在场上的任务。必须通过不断地沟通，才能保证所有球员清楚认识自己的职责。

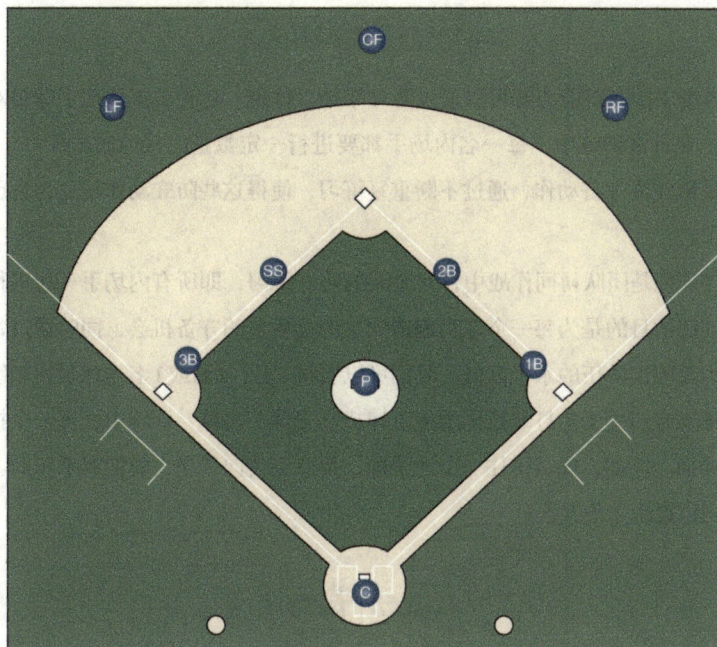

图7.3 内场近守站位

1. 为了阻止三垒跑垒员通过地滚球抢分，4名内场手应该站在内场线的前方近距离守备。

2. 角落两侧的内场手应该站在垒线前几英尺远（约1米）的位置。中间的内场手分别向一垒和三垒移动，缩小一二垒和二三垒之间的空隙。

错误

如果没有对空隙进行补位，那么击球手就更容易打出内场穿越球。

改正

每一侧角落位置的内场手与中间位置的内场手，他们之间应该保持相互迈一步加上一个飞扑的距离。

垒位接球训练

　　每一名内场手的守备能力都可以通过防守率加以体现。这种数据体现了球员对正常守备的防守能力。在日常训练中，每一名内场手都要进行一定数量的接地滚球练习。在训练中，球员要高质量地完成守备动作，通过不断重复练习，使得这些防守动作转变为自己身体的第二种本能动作。

　　垒位接球训练是团队协同作战中针对个人的防守练习，即所有内场手一起进行协防补位的练习。本训练的目的是为每一个球员创造大量的高质量的守备机会，同时通过每个队员的个人守备能力反映出队伍的水平高低。我们可以安排4名、2名或1名击球员用教练棒（一种细一点的球棒，专门用于击打非投掷的地滚球或高飞球）击球。训练中，每一个接球都要假设一种防守局面。例如，球员接住一个地滚球，要立刻传向二垒，模拟双杀局面。下面我们开始介绍不同位置的守备方法。

一垒防守

　　一垒手是内场防守的顶梁柱。他的防守能力足以改变比赛的进程。内场手不可能永远不失误，但是如果一垒手技术突出，并且能够持续有效地防住落地反弹球（球在传到一垒以前就落地的球）就能有效弥补内场的失误，把潜在的失误给化解掉。

　　我们下面要介绍一垒手在一垒附近的脚步动作（图7.4）、接球动作（接住短跳球）（图7.5）以及牵制跑垒员（图7.6）的技巧。

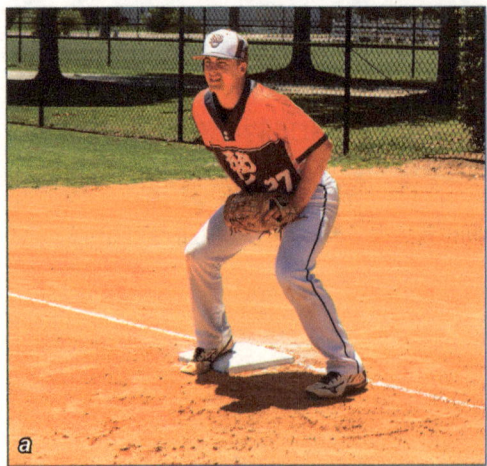

1. 当局面开始，一垒手要到达一垒垒包，然后将投球侧的脚放在垒包的内角侧（图7.4a）。
2. 当球被传向一垒时，一垒手应该仔细观察球的飞行路线。

图7.4　一垒附近的脚步动作

3. 当球在空中飞行时，一垒手将手套侧的腿朝向来球并伸出，脚着地后，把球接住（图7.4b）。

4. 如果传球很低，一垒手要调整脚步，在球弹跳的线路上接住球（图7.4c）。

5. 当传球穿过一垒垒线或者迫使一垒手站在垒线上接球时，一垒手应该调整站位，远离跑垒员的跑动路线，目的是保证自己安全地接到传球（图7.4d）。调整后的正确站位应该是一垒手能够脚触垒包接球完成封杀的位置，或者安全接球后能够触杀跑垒员的位置。

图7.4 一垒附近的脚步动作（续）

错误

如果双脚位于垒包的上方或者前方，会使球员处于危险的境地，跑垒员可能会踩到你。

改正

开始时双脚应该位于垒包的内角侧，当球被传来时，便于双脚朝任一方向移动。

图7.5 抄球

1. 抄起砸地的反弹球，是作为一名卓越的一垒手必须要拥有的能力。

2. 一垒手必须要观察球的线路，判断球的弹跳状态，到底是高跳球（球弹跳较高并直接朝着防守球员方向的球），还是短跳球或者是不跳球——选择好出手时机，在球反弹瞬间将球抄起。

3. 抄球时，根据地面情况和一垒手的个人喜好，来决定如何运用手套。我们建议球员在接短跳球时，应该主动伸手套去抄球。在抄球时，一定要判断好抄球的时机。

错误

手套伸得太晚或者太早，会使球员错过抄球时机。

改正

根据球的飞行轨迹，决定迈步迎球的距离和时机，确保用正确的姿势去抄起短跳球（在防守球员双脚附近地面弹跳的传球）。

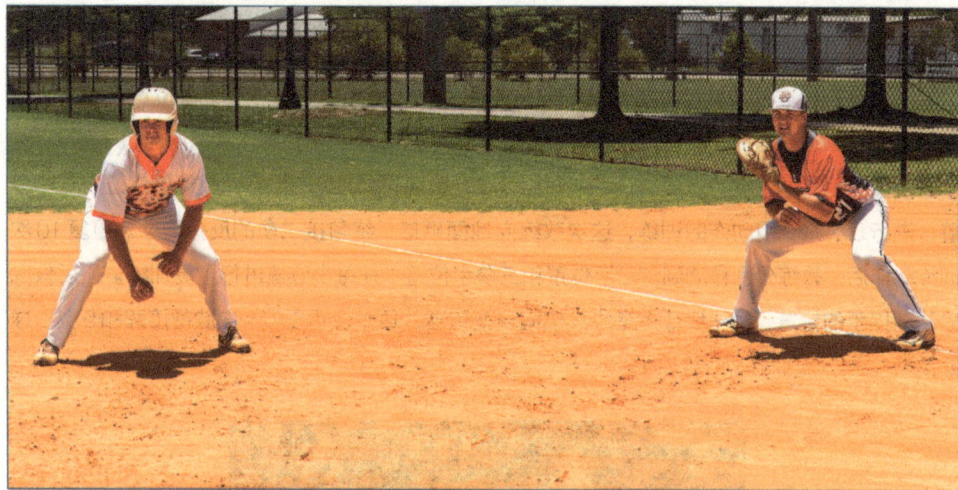

图7.6 牵制跑垒员

1. 一垒有跑垒员，或者一垒和三垒有跑垒员时，一垒手要负责牵制跑垒员。

2. 右脚位于垒包内角侧的前方，左脚位于一垒前方，一垒跑垒线附近。

3. 双脚的站位应朝向投手，使一垒手既能够接球，又能触杀跑垒员。

4. 双脚不能站死，保持灵活有弹性，要是回传的牵制球质量不好，双脚要及时调整移动。一旦投手正常投球，一垒手需要从这个防守姿势迅速离垒转换为内场正常防守姿势。

错误

左脚朝向二垒方向转得太多，导致身体向二垒的角度太大，使球员无法接到他左侧的传球，这会减缓守备速度。

改正

在一垒时，球员永远都要面对着投手，保证胸部和肩部永远都能兼顾到本垒。

一垒训练1　多角度传球和抄球

　　一垒手从标准的投球前准备站位开始，教练或者队友手中握球位于二垒位置。一垒手朝垒包启动，到达一垒时，教练向他传球，要求一垒手注意伸手套和脚步迎球的时机（图7.7）。一垒手接球后，调整姿势，重复训练，每组5次。重复5次训练动作后，教练仍然位于二垒位置，进行5次另一组动作的训练，这次教练向地面砸球，练习接二垒的反弹传球。重复10次训练动作后，教练分别移动到游击手位置和三垒手位置，在每个位置进行重复训练。最后教练移动到接手的位置，沿垒线或者垒线外侧向一垒传球。每个位置重复5次准备接球和5次抄球动作。

图7.7　多角度传球和抄球训练

增加难度

● 教练用教练棒代替传球，使球员加快脚步和接球节奏。

降低难度

● 当教练还未动时，一垒手朝垒包启动。多角度重复传球，以帮助球员培养时机把握能力。

成功的标准

- 垒上的脚步姿势是否正确？
- 接球时身体伸展的时机是否合理，身体角度与球是否形连成一线？
- 能否干净利索将球抄起？

给自己的训练打分

每组动作重复5次。

在正确的时机和合理利用身体的伸展动作将球接住得1分。

在触垒的情况下，将球抄起得1分。

没有将球捞起，但是使球停在身前得0.5分。

没有接到球得0分。

二垒得分_____（5分）

二垒抄球得分_____（5分）

游击位得分_____（5分）

游击位抄球得分_____（5分）

三垒得分_____（5分）

三垒抄球得分_____（5分）

接手内侧得分_____（5分）

接手内侧抄球得分_____（5分）

接手外侧得分_____（5分）

接手外侧抄球得分_____（5分）

你的得分_____（50分）

一垒训练2 强化垒位接球训练

针对一垒手的垒位接球训练，我们需要关注3个方面。首先是守备地滚球的能力。随着训练的加深，一垒手还要在接球后，将球传向二垒，进行双杀训练。所以在此之前，我们要加强标准接球训练，每组10次。

垒位接球训练不仅仅要求一垒手把地滚球接住，同时也要注意步法，以及处理球的能力。在训练中，每组训练要进行25次接球和5次抄球训练。

增加难度

- 加快每一次传球的节奏。
- 变换地滚球的旋转。

降低难度

- 用手扔地滚球，不用球棒。

成功的标准

- 你是否能完成常规的守备并抓出局数？
- 你是否能够准确地将球传到二垒？
- 你是否能够将地面的反弹球抄起？
- 垒包附近的脚步动作如何？

给自己的训练打分

地滚球、双杀动作均重复10次。接球动作每组重复25次，抄球动作重复5次。

地滚球得分_____（10分）

双杀得分_____（10分）

接球得分_____（25分）

抄球得分_____（5分）

你的得分_____（50分）

三垒

三垒是内场的一个烫手的角落。距离本垒约90英尺，碰上强劲的来球，三垒手几乎没有任何反应时间，所以三垒手需要具备快速的反应能力。我们经常听教练说"先堵住再传杀"，意思是要求三垒手无论如何必须把球停在身前。由于距离本垒较近，所以只要能够把球停在身前就有足够的时间去传杀跑垒员。由于三垒的特性，三垒手必须时刻保持好准备接球姿势，保证身体随时向各个方向灵活移动。现在我们介绍如何成为三垒手（图7.8和图7.9）。

1. 当球以直线方向朝你而来时，及时做出反应并将球保持在身体的前方。
2. 当球偏离你时，想象X形站位。你位于X中间，四个角是你的覆盖范围。
3. 要移动到X形后面的两个角，分别用左脚（图7.8a）或右脚（图7.8b），向斜后迈一步。

图7.8 读球和启动步法

4. 要移动到X形前面的两个角，分别用右脚（图7.8c）和左脚（图7.8d）向斜前迈一步。

5. 通过X形移动，三垒手基本能覆盖所有方向的来球。同时这种移动步法，可以增加球员防守范围，使身体更容易做出传球动作。

图7.8　读球和启动步法（续）

错误

缺乏专注力，会导致站位错误。同时由于没有做好准备姿势，三垒手的反应时间也被压缩了。

改正

必须要对每一个球始终保持高度专注。在投球之间采用专注–放松–重置–再专注的方式。

1. 对于触击球和本垒前方砍击球，三垒手必须全速前冲去接球。
2. 应用双手接球技巧在右脚的内侧接球（图7.9a）。
3. 迅速完成球的转移，上身保持平稳不要抬起，在右脚着地时出手完成传球（图7.9b）。

图7.9 慢速地滚球和触击球的守备

错误

踮脚或者在传球时重新调整脚步会导致上身抬起或者延误传球时机。

改正

通过大量练习，来协调步法、接球和传球的连贯性，养成自然的节奏。这种协调性只能通过反复练习来获得。

三垒训练　强化垒位接球训练

垒位接球是三垒手最需要多加练习的技能。训练的要点是，保证第一步的质量，干脆利落地接住球或者把球堵在身体前方，并高质量地完成传球。在平时的训练中，三垒手应该进行10次接球并传一垒练习和10次接球并传二垒的双杀练习。正反手都要练到。训练的最后，进行10次守备慢速地滚球并传一垒。

增加难度

- 每一个球都采用不同的旋转方式。
- 挑战防守范围，将球打到不同位置。

降低难度

- 将球投向同一个位置点，让防守球员更容易接住。
- 把球滚过去。

成功的标准

- 是否有球从你的身边穿过？
- 当你迈出第一步时，是否采用了X形移动方法？
- 你的传球能否高质量完成？

给自己的训练打分

每组动作重复10次。

每一次成功接球并准确地传球得1分。

接慢速地滚球时，接球正确但是传球有瑕疵得0.5分。

在训练中出现失误得0分。

直传球得分_____（10分）

双杀得分_____（10分）

正手得分_____（10分）

正手双杀得分_____（10分）

反手得分_____（10分）

反手双杀得分_____（10分）

慢速地滚球得分_____（10分）

你的得分_____（70分）

内场中间位置

游击手和二垒手（也称"二游"）是防守的心脏。如果他们配合默契，沟通畅顺，那么整个球队的防守能力都会增强。内场中间区域的守场员，尤其是游击手，防守责任更大。主要原因在于中场区域的来球较多，球员要处理多种局面，包括安打、双杀、截球、接力等。这些局面要求中场区域的内场手要相互沟通、形成默契，通过配合来引导球的防守路线。我们下面主要介绍牵制跑垒员（图7.10和图7.11）、双杀喂球（图7.12）、二垒手双杀（图7.13）、游击手双杀（图7.14）。

图7.10 牵制跑垒员

牵制二垒跑垒员主要依靠投手。投手有很多方法来牵制二垒跑垒员（"内场中间位置训练1 投手牵制球训练"中会详细介绍）。然而，在牵制过程中，内场中间区域的球员也有自己的任务。游击手和二垒手牵制跑垒员的关键点在于通过采用不同的上垒方式来迷惑跑垒员，例如，有时他们有侵略性地去牵制，有时会故意忽视跑垒员的存在，目的在于通过变化使跑垒员无法猜测你的防守意图。中间位置的内场手防守位置取决于投手、击球员、跑垒员和场上局面的灵活掌握。例如，如果跑垒员速度较快，那么他需要被尽量掩护得深一些。另外，请记住，只要垒上有跑垒员，中间位置的内场手任何时候都需要做牵制的准备。游击手或是二垒手会轻轻上垒，做好牵制接球准备（图7.10）。当投手投球后，左脚位于垒包的后面，将手套伸出来起来，做好接球的准备。防守球员还需要记住下面几点。

1. 两人一起去牵制，意味着破坏了标准的站位，场上出了空当。

2. 要与投手沟通，告诉投手投牵制球的节奏是否正确，并且明确相互配合的时机。

3. 与其他内场手保持沟通。要确定谁主导牵制跑垒员并要根据情况适时转换角色。采用积极牵制还是正常牵制，要根据局面和跑垒员的速度来决定。积极牵制能够有效地控制跑垒员的离垒距离，但是牺牲了最佳的防守站位；但是在个别局面的情况下为了牵制较快的跑垒员还是很有必要的。采用积极牵制的时候，内场手不要做多余的动作来浪费力气（图7.10）。牵制的强度和积极的程度是球员和垒包的距离，不在于你在跑垒员后面是跳来跳去还是踢得尘土飞扬。

错误

两人一起去牵制说明场员缺乏沟通或者缺乏棒球智商。

改正

如果你发现队友也要去牵制跑垒员时，立刻喊暂停和他进行沟通。

内场中间位置训练1　投手牵制球

牵制二垒时，投手有多种牵制动作——转身牵制（图7.11a）,突然转身牵制（晨光牵制）（图7.11b）或者掐时间转身牵制（图7.11c）。转身牵制是控制跑垒员最简单的方法。一般来说，这种方法是无法抓到跑垒员出局的，但能够非常有效地缩短跑垒员的离垒距离。首先，投手抬起左腿启动投球。在抬腿最高点的刹那，身体不要向本垒板方向移动，把重心转移到后腿的膝盖的外侧，然后向手套侧转体，直至面向二垒。左脚落地时（对于右手投手），或者右脚落地时（对于左手投手），脚要指向二垒。

突然转身牵制和掐时间转身牵制都要求投手迅速转体然后进行牵制，这种牵制球方式的目的在于抓跑垒员出局。首先，投手进入静止姿势后，投手的双脚和身体突然转向一垒（左投手转向三垒）。然后投手将头部、髋部和双腿旋转180度，锁定投球目标，用手套侧的肩膀对准二垒，迅速将球传出。这两种牵制球的不同之处在于内场手的配合动作。掐时间转身牵制，投手进入静止姿势，向前看暗号然后转头看跑垒员。当投手再次回头看本垒时，内场手开始倒计时，等时间一到立刻跑向二垒，同时，投手转身传球完成牵制。突然转身牵制是由游击手来主导的战术。投手进入静止姿势，向前看暗号然后转头看跑垒员，此时游击手启动牵制跑向二垒。投手观察游击手移动路线，一旦游击手穿过跑垒员，投手能够从两人中间缝隙看到一缕"晨光"，投手立刻转身传杀。

每一次牵制时，内场手都有几个任务。首要任务是保证及时，甚至提前到达垒位。接球时脚一定要接触垒包的前方并保持身体灵活来处理各个方向的来球。若牵制球传的很准，球员必须把球接好并成功完成触杀。练习的时候，选择牵制的目标，投手和场员一起配合，每组10次牵制，注意牵制的时机和完成情况。

图7.11　牵制球训练：a. 转身牵制

图7.11 牵制球训练（续）：b. 突然转身牵制（晨光牵制）；c. 掐时间转身牵制

增加难度

- 有跑垒员参与，进行实战演练。
- 在真实的比赛速度下进行演练。

降低难度

- 缩短内场手与垒包之间的距离。
- 大声地把倒计时说出来。

成功的标准

- 你是否及时就位，并在垒上做好接球的准备。
- 你在触垒的脚步如何？
- 你是否能够接球并完成触杀或者通过移动把球停在身前？

给自己的训练打分

重复10次。

每次牵制成功得1分。

失误得0分。

你的得分_____（10分）

1. 如果球就在垒包位置附近，说："抛球。"
2. 对于稍稍远一点的球，内场手应该单膝跪地，上身打开面对垒包（图7.12a）。然后用侧身的力量给二垒喂球。
3. 对于二垒手正手方向的球（图7.12b），或者游击手反手方向的球，内场手必须保证高质量完成接球，调整脚步和传球。游击手上垒时，应该用右脚接触垒包的后角并面向二垒手。二垒手上垒时，应该用左脚接触垒包的后角。

图7.12 内场手双杀喂球

错误

脚步移动太慢，以及缺乏处理球的能力，会延误喂球时机。

改正

提前做好接球准备，以及调整迎球角度，会加速脚步的移动和减少传球失误。

1. 当球被击向三垒手或者游击手时，二垒手应迅速到达垒包，并且打开手套向传球者示意传球的目标（图7.13a）。

2. 如果球从三垒位置或者游击手的反手侧传过来，由于传球距离比较远，二垒手应仔细观察传球路线，接球时要迈步去迎球。二垒手接到球时，身体应该刚刚跨过二垒垒包，保持左脚与垒包接触（图7.13b）。右脚跨过垒包落地时开始向一垒启动传球（图7.13c）。

图7.13　二垒手启动双杀

3. 如果喂球的距离比较近，二垒手应左脚发力利用垒包把自己反弹出去（图7.13d），移动（图7.13e）。右脚落地时启动传球（图7.13f）。

图7.13 二垒手启动双杀（续）

错误

上垒时机至关重要。如果上垒晚了，防守球员可能需要离垒才能接到球。如果移动及时，但是在没读懂传球路线情况下，就迈步去迎球，这样也同样会造成失误。

改正

正确的方法是提前预判和读球，预判的同时不要忘记读懂传球的路线和调整迎球的步法。多练习，防守球员就可以慢慢地养成自己的上垒节奏。

1. 当球被击向内场的右侧时，游击手该迅速移动至垒包的后面，并保持向前的惯性（图7.14a）。
2. 游击手利用这种惯性去接球，球从手套中转移时，右脚正好划过垒包外侧（图7.14b），身体正好落在垒线外侧。

图7.14 游击手启动双杀

错误

如果接球失去了惯性，游击手会很难再次调整身体，容易造成传球失误。

改正

脚步要快，惯性要稳，才能处理各种喂球情况。

内场中间位置训练2 地滚球

当中间位置的内场手进行双杀站位时，教练面对内场手，单膝跪在投手板的后面，向内场手投出地滚球（图7.15）。训练重点是加强接球的身体动作、球从手套中转移、喂球以及双杀的整体流畅度。每组10次地滚球，然后教练转向另一侧的内场手。

图7.15 地滚球训练

增加难度

- 改变每个地滚球的旋转方式。
- 将球传到不同位置，来增加防守难度。

降低难度

- 将球投向相同的位置，让防守球员练习防守。

成功的标准

- 你能够不断传出高质量的球吗？
- 你的站位如何？是否能够帮助你或者妨碍你进行传球？
- 在双杀时，上垒的脚步动作和时机如何？

给自己的训练打分

每组动作重复10次。

每成功完成训练一次得1分。

训练中出现失误得0分。

喂球得分_____（10分）

传球得分_____（10分）

你的得分_____（20分）

内场中间位置训练3　强化垒位接球训练

对于中间位置的内场手，接球训练的主要目的是使内场手养成合理的动作节奏，以及提高内场手把握时机的能力。通过训练，提升他们在比赛中的表现。我们的目标是使内场手能够流畅运用基本技术，提高对球的控制，加速球的转移过程，提高传球的准确性，以及提高内场手的个人能力。三垒手和二垒手一样，先进行10次接球并传一垒，然后10次接球并进行双杀。正手和反手都要练到。中位置的内场手每人各10次双杀练习后，最后用10次慢速地滚球并传向一垒来结束训练。

增加难度

- 改变每一个球的旋转方式。
- 将球传到不同的区域，来增加防守难度。

降低难度

- 将球投向同一个位置，让防守球员更容易接住。
- 用手滚球。

成功的标准

- 在常规守备时是否出现失误？
- 防守、喂球、双杀的时机是否合适？动作是否流畅？
- 传球和喂球的准确性如何？

给自己的训练打分

重复10次。

每成功完成训练一次得1分。

成功完成训练，但是没有把握合适的时机得0.5分。

训练中出现失误得0分。

直传球得分_____（10分）

双杀喂球得分_____（10分）

正手得分_____（10分）

正手双杀喂球得分_____（10分）

反手得分_____（10分）

反手双杀喂球得分_____（10分）

慢速地滚球得分_____（10分）

双杀得分_____（10分）

你的得分_____（80分）

标准的拦截补防位置

我们即将进入防守局面，因此，先介绍一下当出现外场安打时，内场手的标准拦截补防位置，这是后面进行中继传球的基础。详细内容请参考图7.16。

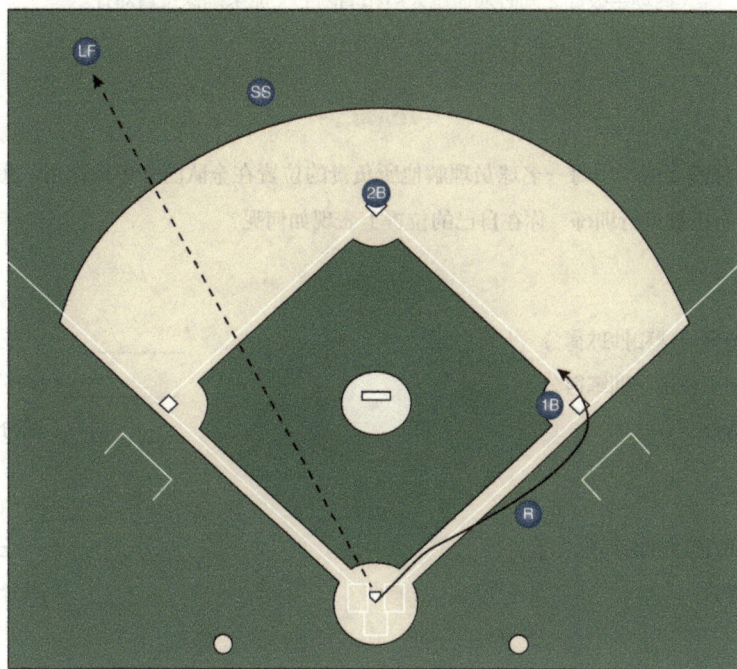

图7.16 左外场一垒安打的拦截补防位置

1. 对于任何击向二垒左侧的一垒安打球，游击手要移动到外场手接球位置和传球目标垒的中间，形成一条直线，如图7.16所示。同理，击向右侧的一垒安打球，由二垒手负责拦截补防。

2. 补防目标垒的守场员负责对齐去拦截的球员，形成一条直线。如果外场的回传球没能直接传准目标垒，拦截球员则需要把他拦截下来。

3. 当跑垒员穿过一垒后，一垒手移动到一垒内侧。首先确认跑垒员是否正确踏垒。如果跑垒员没有连续进垒，一垒手准备接住来自拦截球员的回传球。如果跑垒员继续跑向二垒，一垒手要跟随跑垒员一起跑动。与此同时，投手、接手和三垒手应守备在原来位置附近，处理传球失误的球。

错误

如果补防没有直线对齐，传球的时间会延长。

改正

内场手彼此之间必须通过大声和清晰的交流来确保位置对齐。

总结

内场训练需要内场中每一名球员理解他所负责的位置在全队防守中的作用。想要打好内场，就需要每天都进行训练。你在自己的位置上表现如何呢？

一垒训练

1. 多角度传球和抄球得分 _____（50分）
2. 强化垒位接球训练得分 _____（50分）
   总得分 _____（满分100分）

三垒训练

强化垒位接球训练得分 _____（70分）
总得分 _____（满分70分）

内场中间位置训练

1. 投手牵制球得分 _____（10分）
2. 地滚球得分 _____（20分）
3. 强化垒位接球训练得分 _____（80分）
   总得分 _____（满分110分）

内场手需要做到注意力高度集中。当你进入后续的章节时，你会更深入地理解提前预判和准备的重要性。如果作为一名一垒手，你的成绩达到80分，三垒手达到50分，中间位置的内场手达到90分，恭喜你，你已经掌握了一名内场手的基本技术动作，可以顺利进入下一章的学习。在进入下一章之前，你必须对之前介绍过的所有技巧进行复习和重新检测，因为我们即将开始将这些知识和技巧整合在一起，进行实战中的团队防守环节。

外　场

我们下面开始学习第8章的内容。作为团队防守的一员，你已经了解了如何根据自己在场上的具体位置，运用之前所掌握的个人技巧。接下来，我们要学习外场的相关技术。外场手不仅仅负责接住高飞球，还需要具备其他的技能。正如我们在第7章所学到的，内场手要根据特定需要，采用不同预备姿势和补防策略。这一原则同样适用于外场手。

本章的目的在于，让球员根据自己在外场上的具体位置，学习专业技能。通过理解外场特定位置的具体责任，来提高球员的棒球智商，其棒球水平必然会较之前有显著的进步。球员在外场的防守能力，不仅通过防守成功率来体现，还在于球员是否能够在其他方面履行一名外场手的责任。例如，相关的移动补位，与场上队友沟通的能力，对比赛的专注度，以及快速做出决策的能力等。

正如我们在内场部分所介绍的内容，作为一名外场手首先要记住一些原则。第一，及时了解局面情况，包括击球手的击球习惯、跑垒员的速度、比分和出局情况等。每一种情况都会改变外场手的站位和守备方式。第二，永远保持球位于身体的前方。作为一名外场手，最引以为荣的是不让任何东西从身边穿过。第三，执行防双杀战术时要集体补防，包括给中继球员传球，使球停在身体的前方，缩短地滚球的距离，在守备高飞球时不要偏离追球路线，以及补防内场等。如果外场各位置的球员能够牢记这些原则，那么他一定能实现下一步的成功。

投球前的站位

在高水平比赛中，投球前的站位通常是根据球探报告来制定的，但是在本书中，我们的目的是帮助球员找到适合自己的外场位置，并且了解哪些因素会影响到外场手的站位。我们会介绍标准站位（图8.1）、左侧加强站位（图8.2a）、右侧加强站位（图8.2b），以及防二垒打站位（图8.3）。

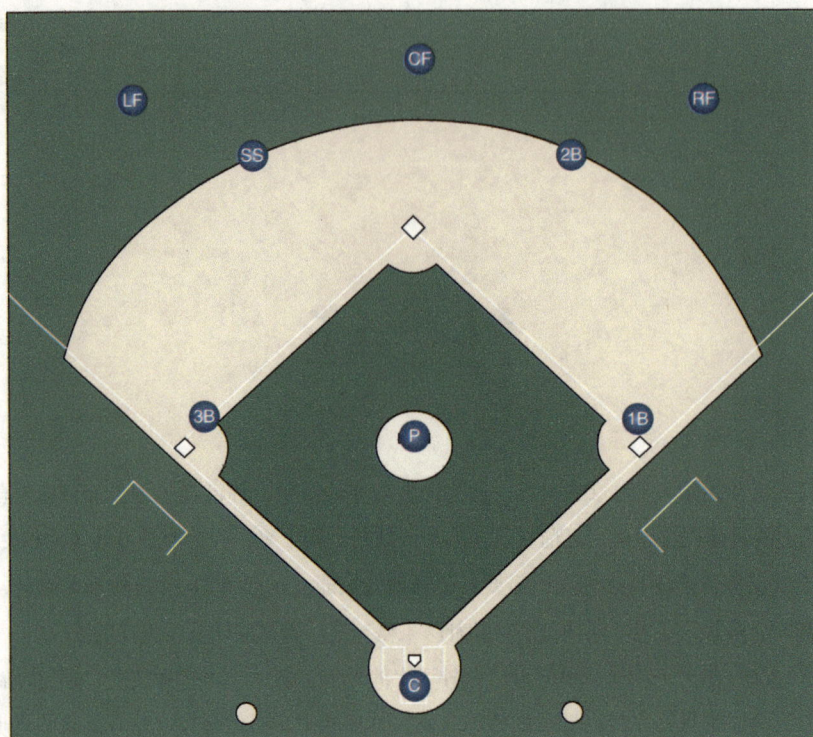

图8.1 标准站位

1. 面对右打时，标准的外场站位又被称为"直立式"站位。外场手采用中等深度的位置，中外场手站在二垒的正后方，左外和右外球员距离各自边线约12英尺。如果手上有关于击球员的情报，可以根据击球员的特点进行位置调整。面对右打时，拉打型的击球员居多，因此，外场手需要往左外场移动一点；面对左打时，则相反，外场手应往右外场移动一点。

2. 面对左打时，外场手通常往右侧移动一点，主要防守击球员拉打的位置。但是如果左打习惯反向拉打，那么外场手保持标准站位即可。

3. 左外场手要与一垒和二垒对齐，站成一线。

4. 右外场手要与三垒和二垒对齐，站成一线

5. 外场手站位深度根据个人习惯决定。

6. 如果外场手的速度很快，彼此之间的距离可以适度扩宽。

错误

一些外场手在补防的时候没有对齐。

改正

外场手彼此之间要多沟通。

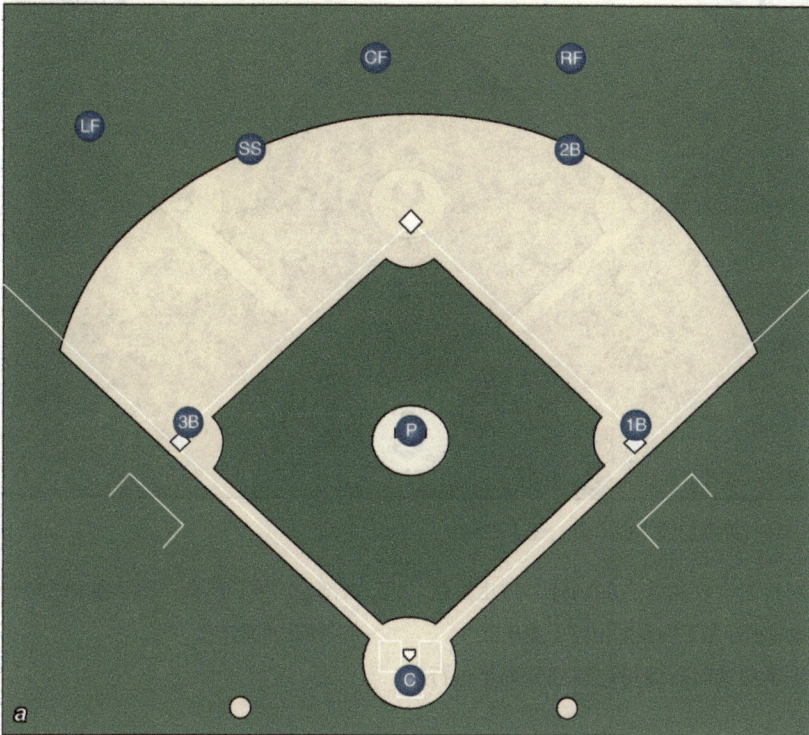

图8.2 两侧加强站位：a. 左侧

1. 站位靠左还是靠右，要根据击球员的击球习
   惯来决定。击球习惯要根据之前的球探情报
   以及教练对击球员的了解来决定。

2. 如同我们之前提到的，对于右打者，外场手
   的站位应加强左侧防守（图8.2a）；对于反
   向拉打者（击球的方向与挥棒方向相反），
   外场手应偏向右侧防守。

155

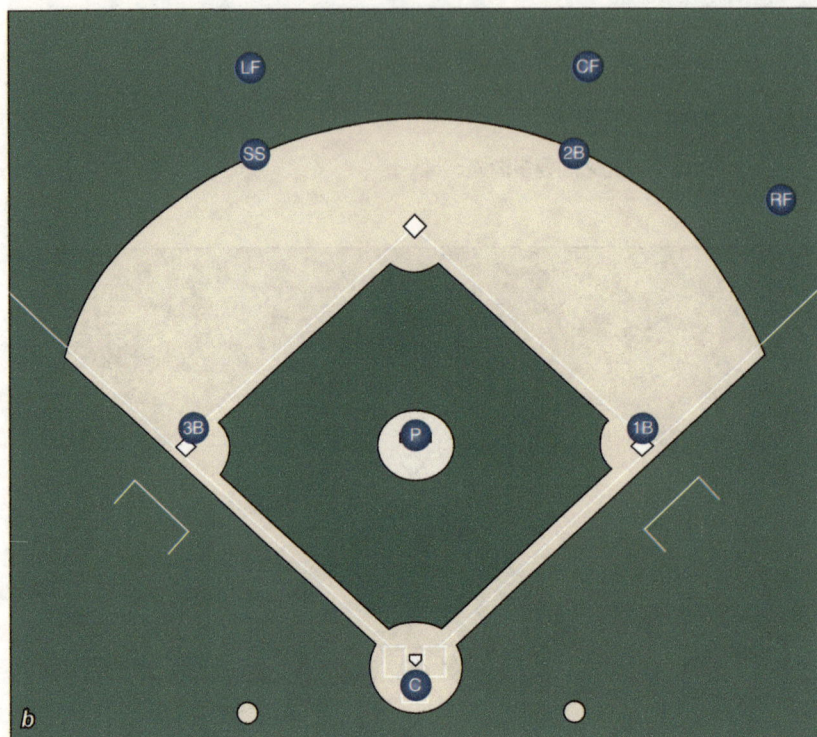

图8.2 两侧加强站位（续）：b. 右侧

3. 对于左打者，应加强右侧防守，防止其拉打。除非击球员习惯反向拉打（图8.2b）。

4. 中外场手应该时刻保持与其他外场手进行沟通。

5. 大部分时候，所有外场手会同时向一侧移动加强那边的防守。

错误

外场手彼此缺少沟通，导致防守阵型出现缺口。

改正

中外场手要时刻观察两侧外场手，确保他们没有再次调整站位。

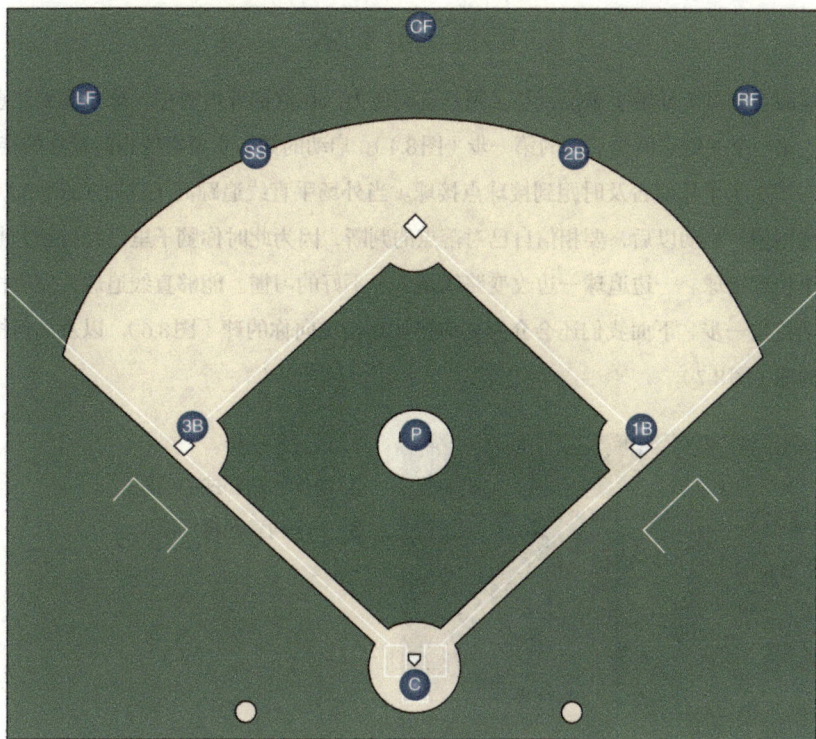

图8.3　防二垒打站位（也称"深守"）

1. 防二垒打战术是典型的"关键时刻"使用的战术。

2. 与标准站位相比，外场手的位置要更深一些，大概往后退12步到20步，这样就缩短了外场手和挡墙之间的距离，可以很有效地避免球从头上飞过去。同时，外场手还要各自往两侧适当移动一点，左右两侧也要覆盖到。

3. 防二垒打战术的目的是缩小防守的空隙和为回传创造更好的发力角度，尽可能避免出现二垒穿越安打或者一垒跑垒员通过长打来得分。

4. 当外场手采用防二垒打站位时，所有回传球必须传向中继的球员。

错误

如果站位不够深或者没有把球回传给中继球员，那么就失去了布置这个战术的意义。

改正

如果怀疑自己站位不够深，那么你应该就是站得不够深。这个防守战术的关键就是要集体补防，不给对方进入得分位置的机会。

追踪高飞球

追踪高飞球对于外场手来说，是必须具备的能力。在这部分内容中，球员需要注意几个关键点。第一个关键点就是启动的第一步（图8.4）。启动的第一步要直线指向最终的接球点。因为这一步决定了你能否及时跑到接球点接球。当外场手直线追踪高飞球时（图8.5），一定注意不要跑偏。启动以后，要相信自己对落点的判断，因为此时你脑子里已经自动判断出大概在哪个位置接球。一边追球一边改变路线是一个不好的习惯。能够直线追球并完成接球才会离成功更进一步。下面我们还会介绍如何接住直接飞向你的球（图8.6），以及如何接到挡墙附近的球（图8.7）。

1. 迈好第一步。
2. 身体移动到球的后面。
3. 干净利索地将球接住。

图8.4　常规高飞球

错误

追球时不得不停地改变路线。

改正

移动到球的后方，瞄准球的落点，进入接球区，从后往前完成接球。

1. 通过击球的声音来判断球的方向，同时观察球的飞行轨迹。
2. 做好接球启动的第一步，身体角度调整至球的落点，可能左边（图8.5a）或者右边（图8.5b）。
3. 一些外场手可能一边跑动一边去追踪球的轨迹。对于落点较远的球，最好的方式是低头直线冲刺到球的落地处，并将球捡起。
4. 接住球后，外场手应迅速减速，并将球回传。

图8.5　追球角度

错误

追球角度不正确通常是指外场手错误预判了球的落点，从而导致追不到球。

改正

接球的重点是启动第一步，启动时身体一定要对准目标位置。在不确定落点的情况下，你可以把角度调整得更深一点，目标定在落点的后方，因为迎着球去接要比你从后面追球更容易接。

159

1. 对于径直击向外场手位置的球，外场手通过球棒击球的声音和球最初的角度，大致能断出来是身前球或过顶球，还是直飞球。
2. 如果在开始时无法确定击球的情况，应先原地站住，或者向后退一步（图8.6a）。
3. 当判断出球的飞行路线后，启动第一步，跑到球的落点处，接住球（图8.6b）。

图8.6 身前球、过顶球和直飞球

错误

最糟糕的情况是，你的第一步往内场方向启动，结果球落在身后。

改正

球击出以后，应先保持原地不动，观察球的飞行路线。这样才能保证自己能够覆盖到所有的防守范围，同时可以把球停在身体前面。

1. 做好启动的第一步。
2. 追球时，用传球的手来确认挡墙的位置（图8.7a）。
3. 如果球飞过外场手的头顶并且无法提前赶到的落点，外场手应该在挡墙前面减速停下来，面对挡墙等待球从挡墙反弹回来（图8.7b）。

图8.7　挡墙附近的球

错误

处理挡墙附近的球时，对球的判断非常重要。一旦勉强去接球，若接球失败，会造成对方额外进垒甚至得分。

改正

必须保持直线去追球。要相信自己对落点的判断。要提前做决定，才能及时减速并接住挡墙的反弹球。

高飞球训练1 徒手接球

　　教练与球员面对面，彼此距离为20英尺。教练手中握球准备向球员身后抛球或投球，训练的目的是使球员养成正确的脚步动作。球员朝身体右后方启动第一步（图8.8a）。此时教练顺着球员移动的方向抛球。球员追踪球的飞行落线，在球的后方，用手套侧手徒手将球接住（图8.8b）。接住球后，做一个鸦式跳传动作。本训练左右侧分别重复5次。

　　下一个训练仍然针对脚步动作和追踪球的能力。球员不提前启动，教练直接向球员身后右侧投球5次，越过球员的头顶。这个训练迫使球员在转头以后重新再次盯球，然后跑到球的后方用手把球接住。本训练左右侧分别重复5次。

　　最后一个训练是追身前或者身后的球。球员不提前启动，教练对准球员正前方或者正后方抛球。这样迫使球员先原地站住，观察球的飞行路线。对于身前的球，球员要注意移动的步法，减速、接球时对身体的控制，以及球的转移。对于身后的球，球员要注意，启动的第一步和直线跑动，以及用单手去接球。

图8.8 徒手接球训练

增加难度
- 增加教练与球员间的距离，加快投球的速度。

降低难度
- 教练缩短投球的距离。
- 用垒球来代替棒球。

成功的标准

- 接球时的第一步是否对准目标位置?
- 是否在球的后面将球接住?
- 是否接住球?

给自己的训练打分

每组动作重复5次。

动作正确并接住球得1分。

技术动作正确,但是在接球时将球掉落,或者使用双手接球得0.5分。

因为脚步慢或者脚步动作不正确,没有在正确位置接球得0分。

右侧第一步得分_____(5分)

左侧第一步得分_____(5分)

右侧第一步得分_____(5分)

左侧第一步折返得分_____(5分)

右侧第一步折返得分_____(5分)

直接向后得分_____(5分)

你的得分_____(30分)

高飞球训练2　使用教练棒击球或机器投球

当球员完成徒手接球训练后,球员要戴上手套,准备接真正的高飞球。球员离击球点200英尺到250英尺的位置处,由教练向球员打高飞球。本训练的训练流程与徒手接球训练相同,但是选手要在击球以后才能开始移动。

增加难度

- 让球员背对教练,听到击球的声音以后,再转身追球。

降低难度

- 用机器向球员投出高飞球。

成功的标准

- 你接球时的第一步是否正对目标位置?
- 是否保持在球的后面将球接住?
- 是否接住球?

给自己的训练打分

每组动作重复5次。

动作正确并接住球得1分。

技术动作正确,但是在接球时将球掉落,或者使用双手接球得0.5分。

因为脚步慢或者脚步动作不对,没有在正确位置接球得0分。

右侧第一步得分_____(5分)

左侧第一步得分_____(5分)

右侧第一步得分_____(5分)

左侧第一步折返得分_____(5分)

右侧第一步折返得分_____(5分)

直接向后得分_____(5分)

你的得分_____(30分)

高飞球训练 3 二人沟通训练

教练保持与两人相同的距离，外场手彼此相距 100 英尺到 150 英尺远。教练向两名外场手中间击出高飞球。两名外场手同时启动，追踪球。当球到达最高点时，两名外场手要彼此沟通决定由谁来接球。接球的外场手要注意动作正确。另一名外场手站在接球点的后面补防漏接。

训练中的外场手，或者每一组外场手必须要明确由谁来决定接球的人。责任明确以后，有助于减少外场手之间的碰撞，避免没人接球的情况。

成功的标准

- 你在接球时与队友是否进行了合理的沟通？
- 是否用正确的技术动作来接球？
- 队友是否有补防？

给自己的训练打分

重复 10 次。

用正确的动作接住球得 1 分。

将球接住但是没人补防得 0.5 分。

如果球落在两名外场手之间，或者外场手的重合区域得 0 分。

用错误的技术动作接球得 0 分。

你的得分_____（10 分）

高飞球训练 4 挡墙二人沟通训练

同样是以 2 人进行练习，外场手彼此之间的距离缩小到 100 英尺，教练位于两名外场手中前方 100 英尺处，向外场手之间的外场围墙处投出或用教练棒击出高飞球。其中一名负责接球的外场手应用上面介绍的技术动作去接球，另一名外场手提醒他与外场的距离，以及来球是否能追到。

成功的标准

- 当接近外场围墙时，你能否控制身体？
- 你与队友的沟通是否通畅有效？
- 如果球无法接住，你是否能够减速？

给自己的训练打分

重复 5 次。

用正确的动作并接住球得 1 分。

没有观察球的飞行轨迹得 0 分。

你的得分_____（5 分）

守备地滚球的方法

外场球员经常忽视地滚球的守备训练，但往往防守地滚球对于外场手而言极其重要。本节的重点是让外场手尽快缩短人与球的距离。一旦地滚球穿越了内场，外场手的任务就是全速冲向球。不按照直线去跑或者不全速去跑，会给跑垒员额外进垒的机会；相反，全速去接近球，尽可能缩短与球的距离，可以有效地牵制住跑垒员。同时，还为减速和调整接球的节奏创造出的时间，避免步法混乱或者着急传球的情况。在此我们介绍三种外场地滚球的守备方法：单膝跪地式（图8.9），内三角式（图8.10），以及孤注一掷式（图8.11）。根据击球员和进攻局面的具体情况，由外场手决定使用何种地滚球的守备方式。

图8.9 单膝跪地式

1. 在垒上无跑垒员，而且击球员脚程较慢时使用的守备方法。

2. 球击出以后，缩短人与球的距离（图8.9a）。
3. 减速，单膝跪地，让身体正对来球（图8.9b）。

错误

做出单膝跪地动作太早，可能会把球踢跑。

改正

时机要把握好，若是球出现不规则的弹跳，身体要能够将其堵下来。

1. 当击球者的脚程较快，并且垒上跑垒员没有企图进垒时，则外场手采用这种守备方式。
2. 球击出以后，缩短人与球的距离。
3. 运用作为一名内场手时学到的脚步动作，接球并形成三角姿势（图8.10a）。
4. 球转移，然后出手传球（图8.10b）。

图8.10　内场三角式

错误

在身体的侧面接球。

改正

接球时，球一定要在身体的前面。

1. 这种"孤注一掷"式的防守方式是在关系到一分决定胜负的情况下使用的技巧。这种接球方式非常困难，因此风险很高，一旦失误很容易造成对方得分，所以被称为孤注一掷式。

2. 当缩短与球之间的距离时，调整身体角度，瞄准目标。

3. 接近球时，计算一下接球的脚步（图8.11a）。速度要降低一点但步法不要乱。

4. 移动过程中，在手套侧的腿的外侧接球（图8.11b）。

5. 完成接球后，立刻用鸦式跳传的方式，将球传出（图8.11c）。动作要连贯。

图8.11 孤注一掷式

错误

脚步动作混乱会导致视线移动，从而使接球变得更加困难，并且导致整个防守动作节奏变慢。

改正

球击出以后，如果能够有效缩短与球之间的距离，你就会获得额外的减速时间和脚步调整时间，使接下来的传球动作更加流畅。

地滚球训练1 使用教练棒击球或机器投球

与高飞球训练相同，由教练向外场手击出地滚球。每个外场手重复5次单膝跪地式防守，5次内三角式防守。

增加难度

- 增加击球的距离，加快击球的节奏。

降低难度

- 教练从更近的位置向外场手击球。

成功的标准

- 在每组训练中，是否减少了与地滚球之间的距离？
- 当防守地滚球时，动作的时机和脚步动作是否正确？
- 在球跳跃时是否能确保球一直位于身体的前方？

给自己的训练打分

每组动作重复5次。用正确的动作并接住球得1分。

确保球在跳跃时位于身体的前方得1分。

如果球越过身体，或者在接球时使用错误的技术动作得0分。

单膝跪地式得分_____（5分）

内三角式得分_____（5分）

你的得分_____（10分）

地滚球训练 2 反手孤注一掷式

外场手与教练距离 15 英尺到 30 英尺，面对面站位。首先外场手做出孤注一掷式防守动作，手套侧手徒手放在手套侧脚的外侧。教练把球滚到球员的手里（图 8.12a），球员接球后，立刻启动鸦式跳传，接球的时候不要移动脚（图 8.12b）。

重复 5 次之后，外场手在整个动作中加入一个迈步动作。首先恢复到正常的守备位置，对于右手球员，应用左脚向前迈一步去接球。外场手稍稍向后站一点，仍然保持面对教练。当教练向外场手投出地滚球时，外场手要把握接球的时机，用手套侧脚向前迈一步去迎球，接住球，并且完成传球，整个动作要求连贯自然。

重复 5 次之后，外场手把迎球范围扩大到 2 至 3 步进行训练。重复 20 次以后，外场手用手套开始接球。

图 8.12 反手孤注一掷式训练

成功的标准

- 是否位于正确的防守位置？
- 接球的时机是否正确？
- 是否能够干净利落的接球，并持续流畅地完成所有后续动作？

给自己的训练打分

每组动作重复 5 次。每组训练把握住正确的时机接球得 1 分。

在徒手接球不稳得 0.5 分。

如果脚步动作不正确或没有把握正确的时机，使球从身边越过得 0 分。

原地徒手接球得分_____（5 分）

后退一步徒手接球得分_____（5 分）

后退两步徒手接球得分_____（5 分）

后退三步徒手接球得分_____（5 分）

原地用手套接球得分_____（5 分）

后退一步用手套接球得分_____（5 分）

后退两步用手套接球得分_____（5 分）

后退三步用手套接球得分_____（5 分）

你的得分_____（40 分）

地滚球训练3　用标志桶练习迎球角度

教练与球员之间的距离为150英尺。在球员的斜前方20英尺到30英尺左右各放一个标志桶。教练向标志桶内外两侧分别打地滚球（每组5次）。球员要全速去追球，尽快缩短与球之间的距离（图8.13a）。接标志桶外侧的球时，球员绕过标志桶以后向教练方向跑动，然后再接球（图8.13b）和转移球。

图8.13　用标志桶练习迎球角度训练

增加难度

- 增加标志桶之间的距离。

降低难度

- 教练从更近的位置向球员打地滚球。

成功的标准

- 你是否先于球到达标志桶？
- 你在转弯的时候脚步是否调整到位？能否转完后立刻进入防守位置？

给自己的训练打分

每组动作重复5次。

每成功完成一次练习得1分。

在标志桶附近脚步动作混乱得0.5分。

球先于你到达标志物，或者让球从标志物旁滚过得0分。

右侧迎球得分_____（5分）

左侧迎球得分_____（5分）

你的得分_____（10分）

地滚球训练4　反向转身传球

　　有些外场球正好落在球员手套侧，虽然能够接住，但是接球的位置不理想，导致没有足够的角度去顺势发力回传。这种球就需要使用反向传球技术。这个训练的布置方法和之前的训练一样。教练向球员手套侧击出更快更远一点的地滚球（每组5个）。球员全速前冲接球。跑动中尽量保持与球的角度小一点，这样能有效避免球从身边穿过。当球员进入接球范围，应在手套侧脚的前面将球接住（图8.14a）。接住球后，后脚迅速落地支撑身体向后转身，用手套侧的脚去对准传球的目标方向（图8.14b）。如果转身准确到位，那么前脚落地时立刻出手传球（图8.14c）。大多数情况下，球员转身后会向前垫几步来制造向前的动能，这是允许的。

图8.14　反向转身传球训练

增加难度

● 增加球员与教练之间的距离，扩大防守球员的防守范围。

降低难度

● 球放在手套里面，从持球状态开始训练。

成功的标准

● 你是否能防止球从身边穿过？
● 接球后进行后转身传球的速度够不够快？
● 转身后是否能够使身体正对目标位置？

给自己的训练打分

重复5次。

迅速流畅地成功完成整套动作得1分。

传球时垫步数量超过一步得0.5分。

减速和转身时间耗费较多得0分。

你的得分_____（5分）

外场手补位

对于外场手来说，无论球是否击向你，你的站位都对全队的防守至关重要。棒球比赛每时每刻都有可能出现失误，因此作为外场手，你应该对每一个球进行预判并移动到相应位置补防队友可能出现的失误。下面我们要介绍，外场手之间的补位（图8.15）和内场的补位（图8.16）。

1. 两名外场手迎接来球时，应该由其中的一名处理来球，另一名来支援。
2. 当一名外场手移动到补防位置时，另一名外场手应对来球做出迅速反应。
3. 中外场手有叫球的决定权。

图8.15 外场手之间的沟通和补位

错误

两名外场手相撞或者两名外场手都没有去接球，这种失误是不能接受的。这都是因为外场手之间缺乏沟通造成的。

改正

每一名球员在接球时一定要考虑谁有优先权。越早决定谁接球，成功率越高。

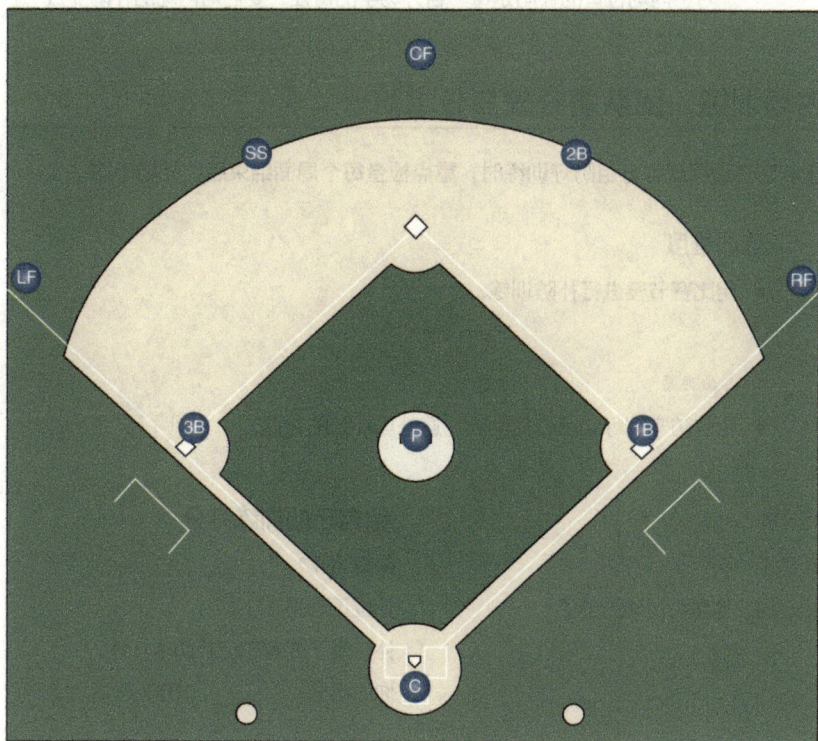

图8.16 补防内场

1. 比赛一旦开始，无论球在内场还是外场，外场手一定要去补防内场的位置。

2. 右外场手的补防责任更大，因为大部分的球都传向一垒。

3. 一垒手若是出现失误，应由右外场手来补防。所以右外场每一个一垒局面都移动到补防的位置。此时，中外场手移动到游击手和二垒手中间补防。

4. 左外场手负责补防游击手到左边线的范围。

错误

常见错误是外场手的注意力集中在看比赛，忘记了移动和补位。也许，在绝大部分的情况下，没人注意到你忘了补位。但是一旦失误出现，而你没有出现在后面补防，这种情况是最伤球队士气的。

改正

对于内场位置的补防是每一名外场手的责任，要把对内场的补防变成一种习惯。

补防内场训练　团队防守或者分组防守

在全队防守训练或者分组防守训练时，重点检查每个局面结束后，外场手的站位。

增加难度

● 用比赛节奏进行补防训练。

降低难度

● 全队防守训练之前，先回顾一遍外场补防的位置。

成功的标准

● 外场手是否补防？
● 失误出现时，他是否正确到位了？

给自己的训练打分

重复10次。

补位正确得1分。

补防慢了或者忘记补防得0分。

你的得分_____（10分）

总结

现在看来，要把外场防守做好需要掌握的技术要远比在电视上看到的更多。我们制定这些训练的目的，是使你能够像电视中的外场手那样轻松地处理球，并为日后你进入更高水平比赛打下良好基础。

高飞球训练

1. 徒手接球得分 ＿＿＿＿＿＿（30分）
2. 使用教练棒击球或机器投球得分 ＿＿＿＿＿＿（30分）
3. 二人沟通训练得分 ＿＿＿＿＿＿（10分）
4. 挡墙二人沟通训练得分 ＿＿＿＿＿＿（5分）

地滚球训练

1. 使用教练棒击球或机器投球得分 ＿＿＿＿＿＿（10分）
2. 反手孤注一掷式得分 ＿＿＿＿＿＿（40分）
3. 用标志桶练习迎球角度得分 ＿＿＿＿＿＿（10分）
4. 反向转身传球得分 ＿＿＿＿＿＿（5分）

补防内训练

团队防守或者分组防守得分 ＿＿＿＿＿＿（10分）
总得分 ＿＿＿＿＿＿（满分150分）

外场防守不是简单站在那里等待高飞球。如果你在本章的得分高于120分，那么恭喜你，可以成功进入下一章的学习。在进入下面章节之后，你需要把前八章所有技能整合在一起，为整个球队做出自己的贡献。

第**9**章

特定防守战术

在通往成功之路的最后两步中，你需要作为全队防守的一员，运用自己已具备的技能，来履行自己的防守责任。下面两个章节是向球员展示如何协作、共同防守，从而使进攻球员出局。正如你所了解的，防守球员之间的沟通是全队防守成功的一部分。良好的沟通要求每位球员时刻知道并且理解场上的局面，有足够的勇气去把球堵下来以及迅速做出判断的能力。

在本章中我们会详细介绍有关触击球的防守，一垒三垒同时有跑垒员的防守战术、夹杀、高飞球的沟通，以及中继回传等内容。对于防守来说，沟通、处理球的水平和抓出局数是最根本的。

防守触击球

触击球可以成就一个队伍也能瓦解一个队伍。那些处理球能力强的球队往往可以抓到出局数；相比那些经常守备失位，又不能把球处理到位的球队，防守触击球能力强的队伍通常更容易取得成功。触击球是一种牺牲式的进攻方法，进攻者用自己的出局来使某一位跑垒员，或者其他多个垒位上的跑垒员能够进入下一垒。这种局面往往出现在比赛的后期，在没有出局的情况下，一垒有跑垒员或者一垒和二垒都有跑垒员的时候。通过牺牲击球员，进攻方可以将垒上的队友送上得分垒位，进攻方接着只需要一个普通的安打，就可以使该跑垒员得分，当然还可以使用牺牲式高飞球的方式来得分。除此之外，还有些球员喜欢用触击的方式来抢上一垒。

在这里我们介绍一垒有跑垒员时触击球的防守战术（图9.1），一垒和二垒有跑垒员时触击球的防守战术（图9.2），以及触击上垒的防守方法（图9.3）。

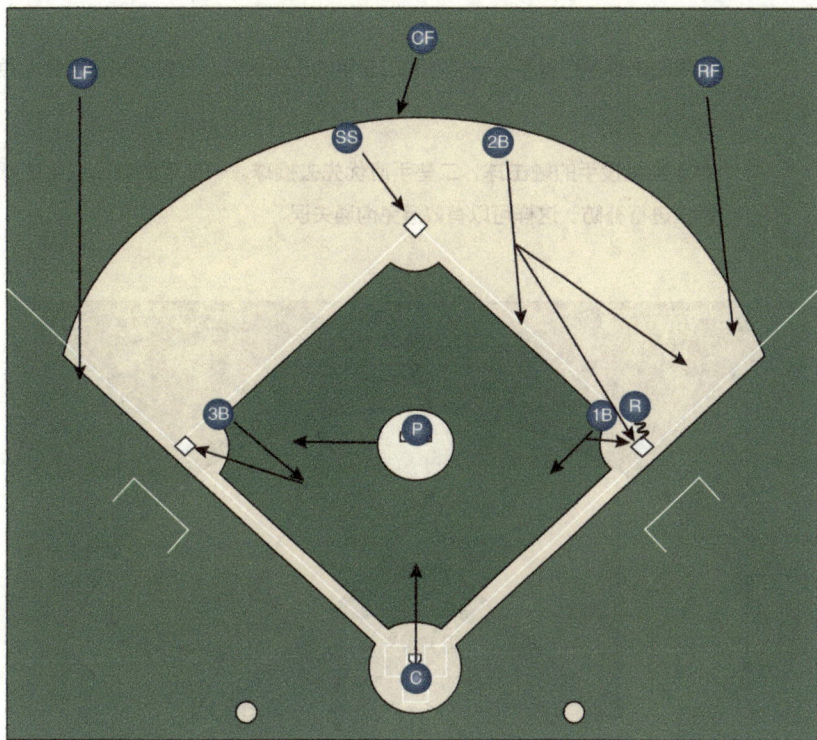

图9.1 一垒有跑垒员时触击球的防守战术

1. 一垒手负责牵制跑垒员。击球员打出触击球以后，一垒手首先要观察球的线路。如果球超出了投手的接球范围，则稍微偏右的球由一垒手负责接球。否则，一垒手要回到垒包。

2. 这种局面时，二垒手应离开双杀站位，朝一垒手方向移动，负责三者之间的沟通，协防穿过投手的穿越球，并协助指挥一垒手进行补位。

3. 游击手保持双杀站位。等触击球打出以后，立刻移动到二垒进行双杀守备。

4. 三垒手站位内场草皮边缘，负责整个三垒侧的防守。

5. 投手负责场地中间区域和一垒侧的防守。

6. 接手负责本垒区域的防守。

7. 如果三垒手接球，投手应该迅速移动到三垒补防。在这种情况下，接手原地防守本垒。如果不确定能否传杀二垒跑垒员，接手应大声喊停双杀战术，并提示直接往一垒传杀。如果球被其他人接到，三垒手应该立刻回到三垒。

8. 外场手按照第8章图8.16所示，对相关位置进行补防。

错误

如果触击球落在投手、一垒手和二垒手的三角区域，三者之间往往会沟通失误。

改正

对于穿越投手的触击球，二垒手应优先去接球。一垒手明白二垒手的意图后，回垒进行补防。这样可以有效避免沟通失误。

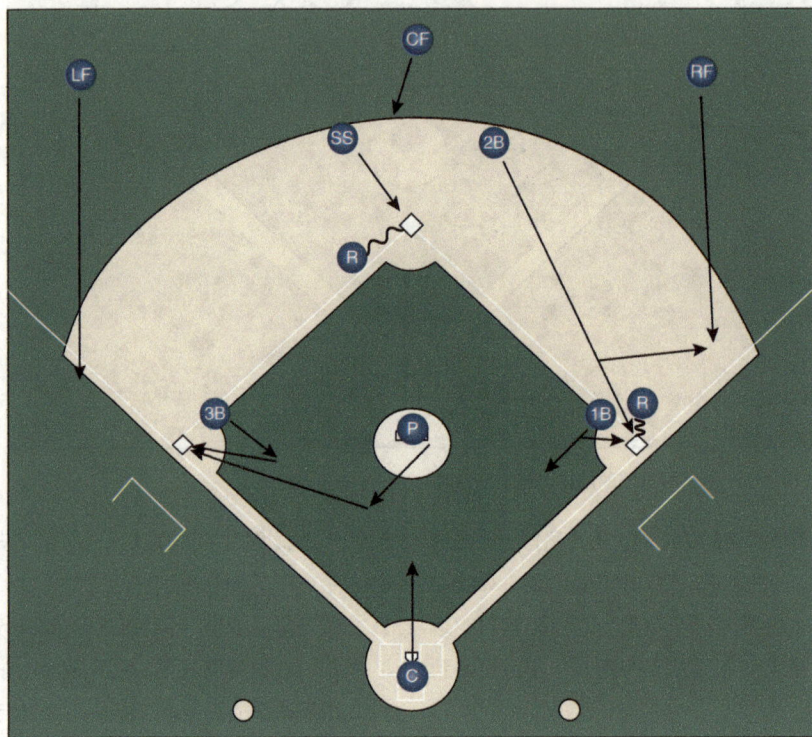

图9.2 一垒和二垒有跑垒员时触击球的防守战术

1. 针对一垒和二垒有跑垒员，无人出局情况下的触击球，一垒手要站在跑垒员的前面，负责去接触击球。如果球被击到三垒侧，一垒手应回防一垒。

2. 二垒手向一垒位置移动，如果一垒手前冲去接球，二垒手负责补防一垒。

3. 游击手负责补防二垒。

4. 三垒手要站在三垒垒包的前面，观察球的路线，并负责接住朝三垒垒线或者穿过投手的触击球。如果投手能够接到触击球，三垒手应回防三垒。

5. 投手要尽最大的努力，防守三垒方向的球。

6. 接手防守本垒前方的位置，并负责指挥传球方向。

错误

失误发生的主要原因是三垒手无法判断投手能否接到球。或者遇到左投手时，三垒手行动过早。

改正

如果三垒手不确定投手是否能够接到球，三垒手就主动出击去负责接球。记住，要出局数是最重要的。左投手的投球结束会自然落到三垒侧，所以左投手防守三垒方向的面积更大，而且不需要转身就能把球传到三垒。

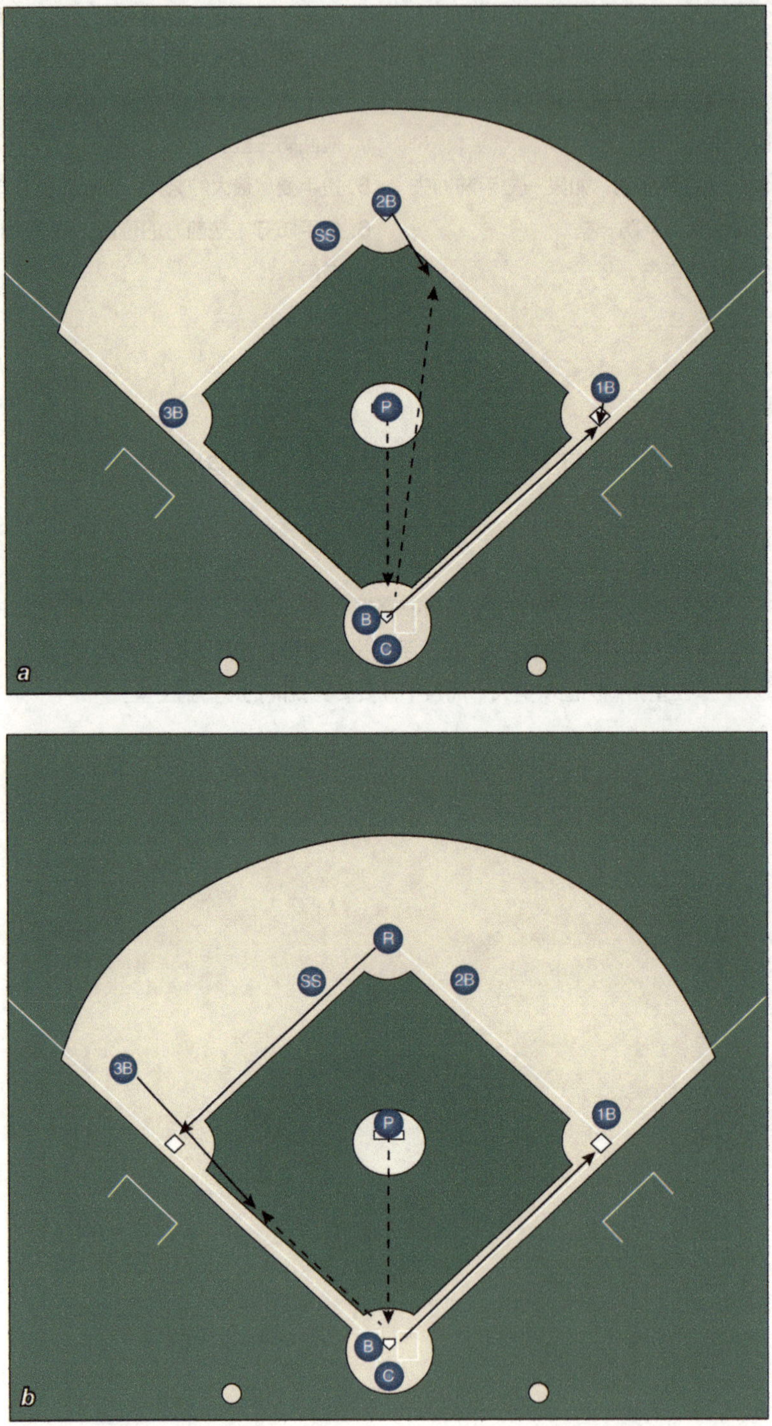

图9.3 触击上垒的防守战术

1. 每一名防守球员都应该注意观察击球员是否有意图进行触击。一般来说，速度快的球员和不擅长击球的球员比较喜欢用触击方式上垒。

2. 采用推送打法的触击球（正向触击球），球一般落在一垒方向的三角区（图9.3a）。此方法常用在，面对左投手并且二垒手回到二垒附近防守的时候。

3. 当二垒手看见击球员抬手意图触击时就立刻启动接球。

4. 当球被击出后，二垒手优先接三角区的触击球。

5. 一垒手回防一垒，等待队友的传球，传杀跑垒员。

6. 对于三垒侧的拉打型（反向触击球）触击球（图9.3b），三垒手一般采取孤注一掷的守备方法。因为击球员一般选在三垒手深守的时候使用拉打型触击。所以如果提前知道击球员善于触击并且速度非常快，那么可以让三垒手靠近防守一点。

7. 一垒手回防一垒，等待队友的传球，传杀跑垒员。

错误

三垒手采用孤注一掷式守备时，很有可能出现过顶传球。

改正

若出现这种局面，二垒手和右外场要做好补防的准备。

触击球训练1 投手防守训练（PFP）——由教练投出地滚球

在投手防守训练时，队员位于各自的防守位置，投手在投手板上。训练时，可以让外场手练习补位，或者不需要外场手参加。教练站在击球区，手中握球。投手向教练模拟投一个球，教练向不同区域用手扔触击球让队员进行防守。

增加难度

- 在垒上加入跑垒员，使训练更加接近真实比赛。

降低难度

- 训练中不加入跑垒员，不用球。每个球员根据教练的具体指示进行移动，练习触击球防守。

成功的标准

- 防守时内场手是否进行了有效的沟通？

- 球员是否能够观察触击球，并迅速跑到相应的防守位置？

- 防守时有没有把球传飞，尤其是三垒手在面对反向触击球时？

重复15次。

防守球员成功防守，使进攻球员出局得1分。

防守球员没有使进攻球员出局得0分。

你的得分＿＿＿＿＿＿＿（15分）

触击球训练2 触击球防守分组训练

通过分组训练来加强各种触击球的防守。训练时，可以分组进行，场员和投手负责防守，其他队员全部模拟进攻方，投手真投，击球员打出触击球。

增加难度

- 模拟真实比赛节奏，包括暗号和进攻。

降低难度

- 教练投出地滚球，模拟触击球进行训练。

成功的标准

- 进攻方得分多少？这是对防守是否认真并有效执行的反映。

- 防守中出现了多少次失误？反向触击时，三垒手会经常把球传飞，所以其他球员必须补防。

重复25次。

每一次成功防守，并使进攻方球员出局得1分。

防守方没有使进攻方球员出局得0分。

你的得分＿＿＿＿＿＿＿（25分）

一垒和三垒有跑垒员的防守战术

一垒和三垒有跑垒员的防守局面（当跑垒员在一垒和三垒上时）需要每一位防守球员清楚局面情况，以及当时防守的任务。这种局面会衍生出许多不同的情况，所以球员要随机应变，每一种情况，防守球员都有属于自己的防守任务并且脑子里要时刻记住"防守的真理"。下面，我们把情况分开来逐个介绍。首先介绍直接传杀战术（图9.4），这是一垒和三垒有跑垒员时的标准守备方式。同时还会介绍内场中间区域防守球员的拦截（图9.5）、投手补防（图9.6）以及三垒牵制（图9.7）的防守方法。

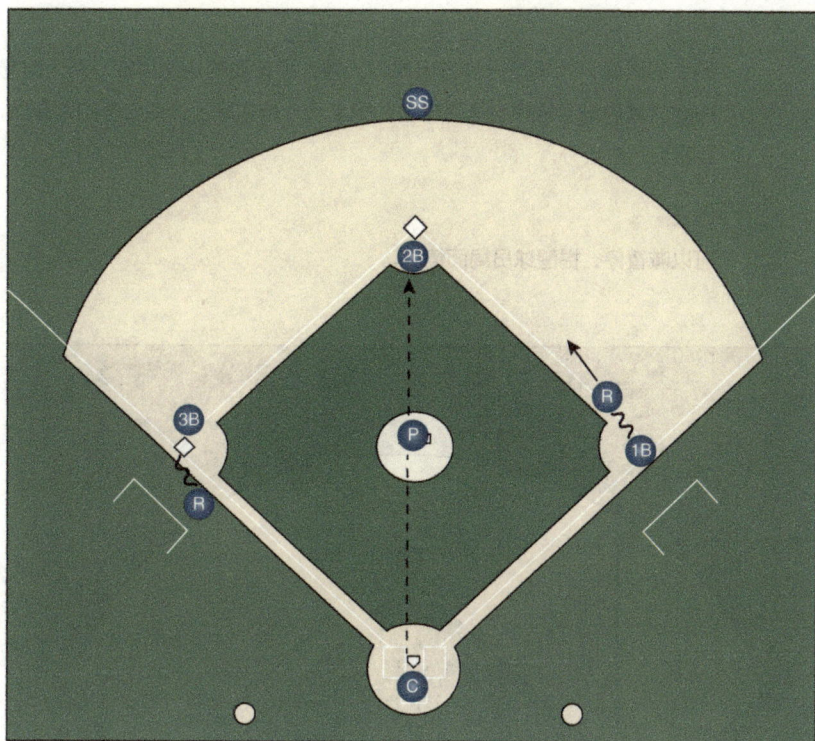

图9.4 直接传杀

1. 标准的一垒和三垒防守站位，与双杀站位相同。一垒手负责牵制跑垒员，三垒手平行于垒包。

2. 当跑垒员要进行盗垒时，接手先观察三垒跑垒员（如果跑垒员要回到本垒，接手就不向二垒手传球）。如果跑垒员在三垒位置保持不动，接手将球直接传向二垒。

3. 两名中间区域的内场手，一名负责在垒包上接球，另一名负责对垒位进行协防。

4. 根据场上的实际局面，当接手传球出手后，三垒的跑垒员可能试图跑回本垒。这时三垒手应该大喊："三垒跑啦。"

5. 这时，中间区域的内场手可以选择在二垒接球并完成触杀跑垒员或者在接球后立刻回传触杀本垒跑垒员。

6. 投手只需要避开二垒到本垒之间传球的线路。

错误

场上的局面，尤其是进攻方出局的人数，是重要的决策因素。两个出局以后，中间区域内场手往往会选杀本垒的跑垒员，但实际上选杀二垒的跑垒员，同样也不会造成丢分。

改正

可以喊暂停，提醒球员局面情况。

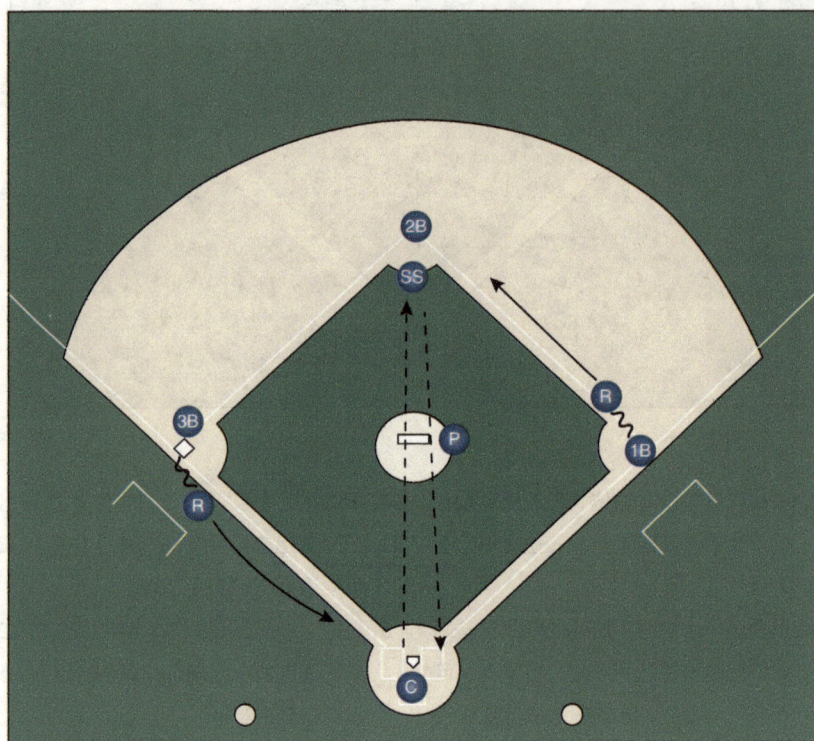

图9.5　中间区域防守球员的拦截

1. 一垒手负责牵制跑垒员，三垒手平行站在垒包旁边。一名中间区域内场手移动到二垒垒包前方拦截接手的传球。一般拦截的位置是在内场草坪的边缘。另一名中间区域的内场手移动到二垒垒包上进行补防。

2. 拦截的球员认真观察三垒跑垒员的行动，如果跑垒员意图跑向本垒，或者跑垒员离三垒的位置很远，内场手应主动把传球拦截下来，选杀三垒跑垒员。

3. 如果三垒上的跑垒员在垒上没有行动，就不要去拦截球。让另一名中间区域的内场手接球并完成对盗垒者的触杀。战术中，投手只需要避开二垒和本垒之间传球的线路。

错误

接手能否把球传准是这个战术的关键。如果球传不准，守场员是无法接球或者
完成触杀的。

改正

接手要把球传直。不要受到拦截球员影响。

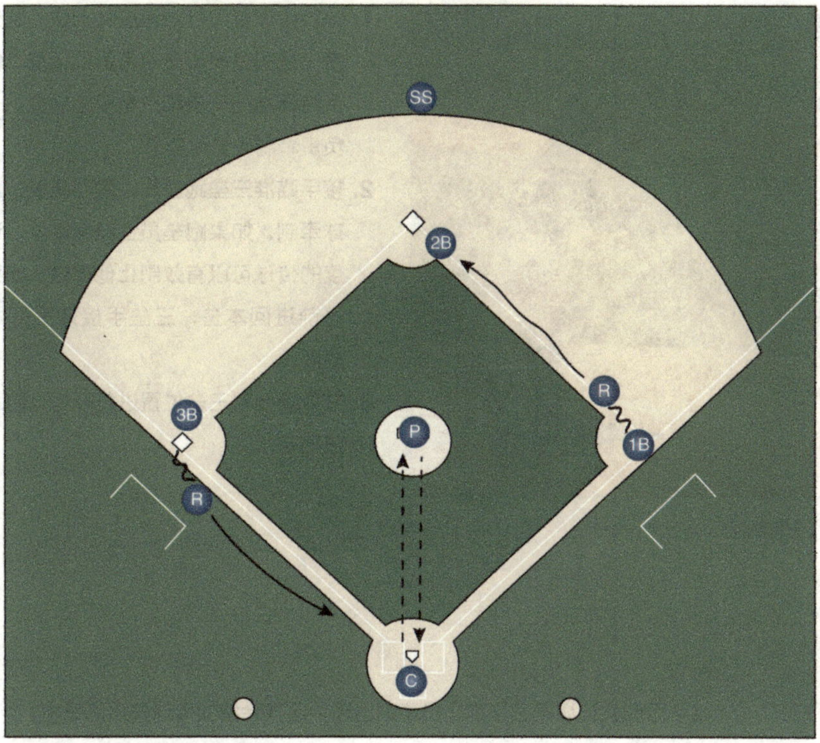

图9.6　投手补防

1. 在这个局面中，接手做出与直线传杀相同的
动作。

2. 一垒手负责牵制跑垒员，三垒手平行站在
垒包旁边。二垒手上二垒补位，游击手移
动到二垒手的后面补防。

3. 投手负责拦截。当发现三垒跑垒员冲回本
垒时，投手把接手的球拦截下来并回传给
接手。目的在于杀掉三垒跑垒员。

错误

如果接手没有收到或者看错了暗号，那么他会很危险，接手的传球会打到他。

改正

接手应瞄准二垒的胸部到头部之间的位置直线传球。如果投手真的忘记或者没有看到暗号，那么赶紧躲开，让中间的内场手去接球。

图9.7　三垒牵制

1. 这种传球专门针对速度特别快的跑垒员或者三垒跑垒员离垒非常远的情况。内场手保持标准的一垒和三垒双杀站位。一垒手负责牵制一垒跑垒员。
2. 接手瞄准三垒跑垒员，胸部高度，直接传球牵制。如果跑垒员企图回本垒，这种高度的传球可以有效制止他前进。如果跑垒员前进回本垒，三垒手接球后开始处理局面。
3. 左外场要对三垒位置进行补位，防止出现过顶球。

错误

接手可能会迫切把三垒跑垒员牵制出局，这样会增加传球失误的概率。

改正

直接瞄准三垒跑垒员传球，可以增大传球的目标，也更便于三垒手接球。

一垒和三垒训练1　团队防守训练——无击球员

全员进入防守站位。投手握球，教练站在击球区充当击球员。一垒和三垒跑垒员模拟进攻。

增加难度

- 模拟真实比赛的攻防。

降低难度

- 改教练投球。
- 每一次守备前，教练先提醒该如何防守。

成功的标准

- 防守方是否能够控球？过顶传球可能导致进攻方得分，所以控制传球至关重要。球员还必须对传球进行补位。
- 防守是否获得出局数？
- 守备时的判断是否正确？球员必须能够正确读懂场上的局面。

给自己的训练打分

重复15次。

防守方做出正确的判断，使进攻方球员出局得1分。

防守方没有做出正确的判断，或者没有有效地控制球得0分。

你的得分_____（15分）

一垒和三垒训练2　实战训练——有击球员

每局开始，跑垒员直接上一垒和三垒，训练按照比赛的节奏进行。

增加难度

- 模拟不同的局数、出局人数和得分情况，使每位防守球员练习各种情况下的防守目标并调整相应的战术。

降低难度

- 跑垒员在约定情况才进行跑垒。
- 提前告诉防守方跑垒员的下一步行动。

成功的标准

- 防守方是否能够控球？过顶传球可能导致进攻方得分，所以控制传球至关重要。球员还必须对传球进行补位。

- 防守是否获得出局数？

- 守备时的判断是否正确？球员必须能够正确读懂场上的局面。

给自己的训练打分

重复10次。

防守方做出正确的判断，将进攻方球员出局得1分。

防守方没有做出正确的判断，或者没有有效地控制球得0分。

你的得分_____（10分）

夹杀

夹杀是一种很简单的防守技术，所以往往被球员轻视。夹杀不仅仅需要准确地控球，还需要理解并预判队友的意图，使自己能够与队友协同行动。下面是夹杀的具体操作方法（图9.8）。

图9.8 夹杀技巧

图9.8　夹杀技巧（续）

1. 开始夹杀时，传球球员要与接球球员对齐，位于垒线内侧。

2. 接球一方负责慢慢缩短夹杀的距离，并将双手举起，让传球方看清楚你，往你的胸部高度传球。

3. 传球球员尾随跑垒员一起移动，移动过程中把球举起来，身体保持传球姿势（图9.8a）。

4. 当跑垒员接近接球球员时，接球球员应大声提醒传球球员传球（图9.8b）。

5. 当传球球员出手后，应向内侧迅速离开跑动路线，并继续向前面的垒位前进（图9.8c）。

6. 接球球员应在接球后立刻触杀跑垒员。

7. 如果跑垒员后面的后位跑垒员已经上垒，防守球员应把前位跑垒员逼退至垒包上，同时触杀两名跑垒员。

错误

在夹杀中易出现的两种常见错误：第一种，假传，传球球员做出了传球动作，但是球没有传出。第二种，在手中无球的情况下对跑垒员进行触杀。

改正

假传动作也会同时骗停接球球员。接球球员很有可能认为下一个传球动作可能还是一个假传，从而错过了接球时机。改正的方法是，传球球员尽量不做假传动作或者在准备触杀之前做假传动作。为了减少在手中无球情况下对跑垒员进行触杀的可能性，传球球员在完成传球以后要迅速沿内侧离开跑动路线。因为如果无球球员停在跑动路线或者没及时离开，跑垒员会找机会碰撞无球队员导致死球局面，使跑垒员安全保送到下一垒位。

夹杀训练1 夹杀训练——三人

两名防守球员相距80英尺远，彼此分开站位，跑垒员位于两名防守球员的中间。一名防守球员持球，持球球员练习缩短传球的距离和传球的时机，使另一名防守球员能够在接球后立刻对跑垒员进行触杀（图9.9）。

图9.9 夹杀训练——三人

成功的标准

- 喂球要准确。
- 接球球员应该掌握接球的时机，并有节奏地缩短与持球球员之间的距离。
- 传球与接球球员要进行沟通。

给自己的训练打分

重复10次。

正确执行夹杀战术得1分。

传球时机过早，但依然能有效地控制住球得0.5分。

传球时机过晚，没有控制住球，或者在手中无球的情况下对跑垒员进行触杀得0分。

你的得分_____（10分）

夹杀训练2 投手防守训练（PFP）——牵制并夹杀训练

在进行投手防守训练时，可以融入牵制并夹杀的局面。全员到位，投手在投手板上。分别模拟一垒、二垒和三垒牵制跑垒员并完成夹杀。第一名投手向一垒传牵制球，跑垒员模拟被牵制成功，而进入夹杀局面（图9.10a）。一垒和二垒的夹杀训练完成后，下一名投手将向二垒牵制，制造二垒和三垒夹杀局面（图9.10b）。最后，投手将球投向本垒，然后接手向三垒传球，制造三垒和本垒的夹杀局面。

增加难度

- 所有球员同步演练协同补防。
- 跑垒员按照真实比赛的速度进行跑动。

降低难度

- 只针对一个垒位进行夹杀练习。
- 跑垒员按照50%的速度进行跑动。

图9.10 投手防守训练（PFP）——牵制并夹杀训练：a. 一垒牵制并夹杀；b. 二垒牵制并夹杀

成功的标准

- 喂球要准确。
- 接球球员应该掌握接球的时机，并有节奏地缩短与持球球员之间的距离。
- 传球与接球球员要进行沟通。

给自己的训练打分

重复15次。

夹杀成功得1分。

夹杀需要传球2次以上才能完成得0.5分。

夹杀失败得0分。

你的得分_____（15分）

高飞球的沟通

对于内场和外场的高飞球（图9.11），球员在防守时的沟通至关重要。因为缺乏沟通可能会导致球员之间发生碰撞和受伤等很多危险的后果，还可能会出现球从两名防守球员之间掉落这种尴尬的局面。所以防守球员必须每天针对高飞球进行沟通练习，以避免发生上述情况。

图9.11 沟通训练

1. 中外场手优先处理高飞球。
2. 外场手优先权次之。
3. 内场中间位置的球员优先权高于一垒和三垒球员。
4. 一垒和三垒球员的优先权高于投手和接手。
5. 球在最高点时，是决定并喊出来由谁负责接球的时机。

错误

一种错误是有优先权的球员错误地喊停了自己根本接不到的球。另一种错误是，2名球员都去接球但是都能接住。

改正

一旦听到有优先权的队员喊，立刻为队友闪开位置。如果你有优先处理权，但是队友的站位更合适，那么就让队友去接球。

高飞球沟通训练　团队训练——使用教练棒击球或机器投球

在高飞球沟通训练中，所有防守球员位于指定的防守位置，使用教练棒或者发球机来击出高飞球。因为高飞球被击向场地的各个位置，所以防守球员必须进行合理的沟通，彼此配合。

增加难度

- 外场手背对击球点，当球被击出时，转身追球，接球。

降低难度

- 教练用手扔高飞球。

成功的标准

- 好的沟通时机是指球在最高点时，彼此提醒和决定由谁负责接球。
- 闪开位置——一定要及时离开，为队友腾出接球空间。

给自己的训练打分

重复20次。

正确沟通并将球接住得1分。

错误的球员接到球，得0.5分。

没有接到球得0分。

你的得分_____（20分）

中继回传

中继回传是防守球员将外场球迅速有效地回传到内场的方法。中继传球要求球员补位迅速并且要读懂球的飞行路线，这样才能以最快速度把球中继回传到内场。请参考图9.12有关中继传球的训练，我们会为你演示这种防守方式。

错误

中继球员到位太晚，会降低传球的质量，甚至失去传杀跑垒员的机会。

改正

做出中继传球的判断，越早越好。

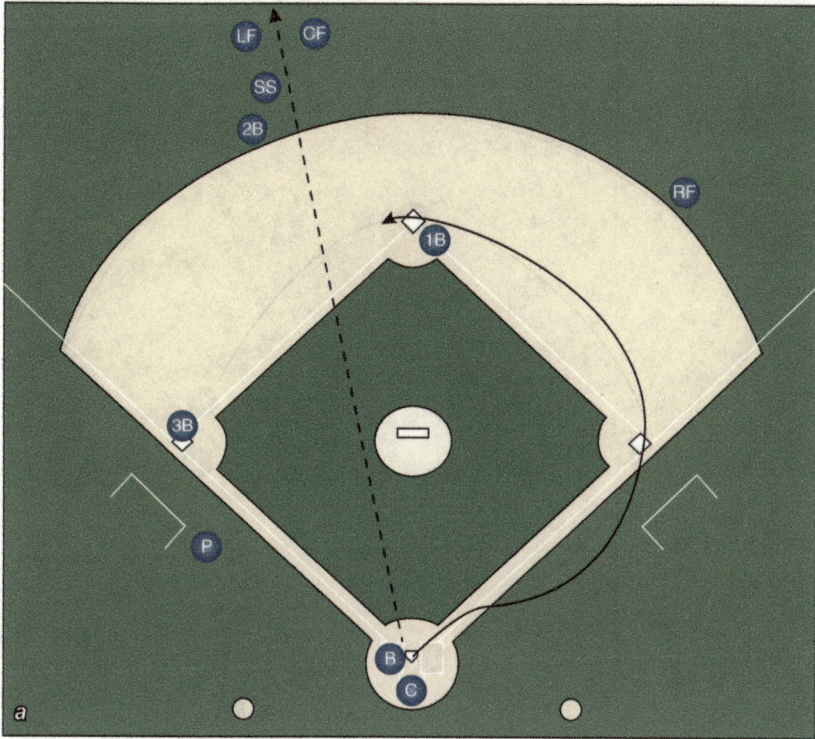

图9.12　中继回传的补位方法

1. 对于击向左外场或者左中外场的二垒打，游击手或二垒手负责去接应回传球。

2. 如果垒上无跑垒员，回传路线瞄准三垒。如果一垒有跑垒员，回球路线瞄准本垒。

3. 对于击向左外场或者左中外场的二垒打，游击手负责第一次中继。二垒手应站在游击手后方大约10英尺到20英尺的位置上（图9.12a）。

4. 对于击向右外场或者右中外场的球，二垒手负责第一次中继，游击手负责协防。

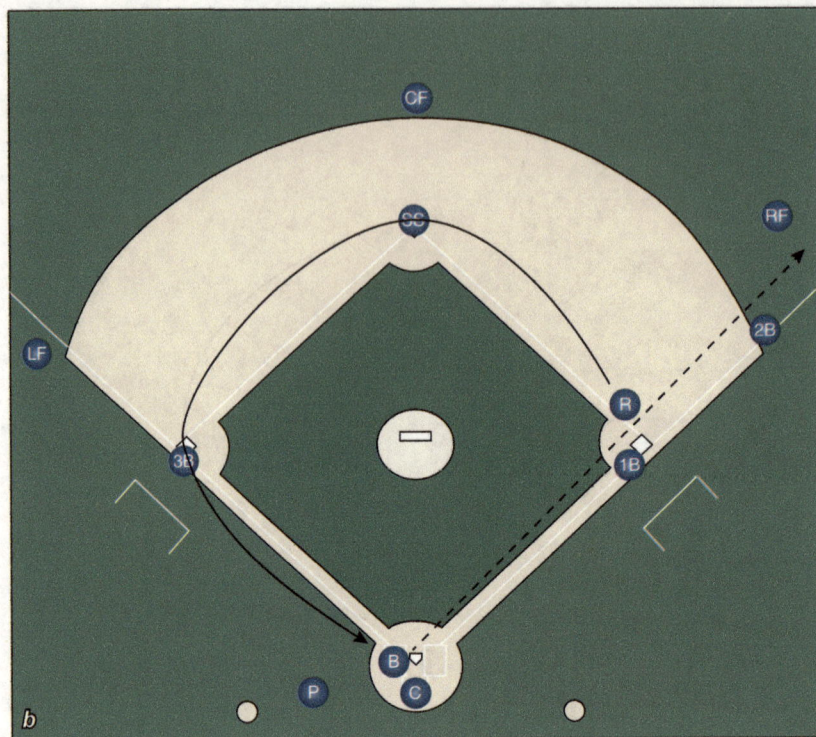

图9.12 中继回传的补位方法（续）

5. 对于击向右外场或者右中外场的球，如果垒上无跑垒员，传球路线瞄准三垒。如果一垒有跑垒员，传球路线瞄准本垒，二垒手负责第一次中继，游击手负责协防（图9.12b）。

6. 接手负责指挥传球线路。

7. 三垒手和接手要根据场上的情况，对齐传球路线，进行必要的协防。

8. 一垒手负责确认跑垒员有无漏踏垒，然后跟随跑垒员进入二垒。如果球打到右边线，那么一垒手不跟随跑垒员进垒，原地协防中继回传。

中继回传训练　团队防守训练——使用教练棒击球

中继训练全队一起进行。首先由教练站在内场的中间区域，向防守球员模拟二垒安打，球员根据接手的指挥进行中继回传的训练。

增加难度
● 跑垒员按照比赛速度进行跑垒。

降低难度
● 外场手持球，内场手提前进入中继回传的位置。

成功的标准

- 防守球员要彼此进行沟通。
- 防守球员之间必须直线对齐。
- 由正确的球员去补位。

给自己的训练打分

重复15次。

中继回传顺畅得1分。

中继过程中出现失误得0分。

传球质量不佳得0分。

你的得分_____（15分）

总结

防守中的各种局面，需要每个球员充分了解比赛的情况。无论场上局面如何，防守的目标都是要使进攻球员出局，要做到这一点，防守方必须控制住球。随着训练难度的增加，你会发现防守的成功率会明显下降。因此，球队应该不断进行各种防守战术的训练，以便在真实比赛中，球员不会受到压力的影响。

触击球训练

1. 投手防守训练（PFP）——由教练投出地滚球得分　　　　_____（15分）
2. 触击球防守分组训练得分　　　　_____（25分）

一垒和三垒训练

1. 团队防守训练——无击球员得分　　　　_____（15分）
2. 实战训练——有击球员得分　　　　_____（10分）

夹杀训练

1. 夹杀训练——三人得分　　　　_____（10分）
2. 投手防守训练（PFP）——牵制并夹杀训练得分　　　　_____（15分）

高飞球沟通训练

团队训练——使用教练棒击球或机器投球得分　　　　_____（20分）

中继回传训练

团队防守训练——使用教练棒击球得分　　　　_____（15分）

总得分　　　　_____（满分125分）

如果你的得分高于100分，恭喜你，你已经掌握了实战防守的基本技巧，可以进入下一章的学习。在团队实战防守章节中，训练总分是125分，如果你能达到125分，你的防守是完美且无懈可击的，你不需要再学习任何有关防守的技巧。本章的合格分数为90分，如果你的成绩低于90分，你也不要认为自己在防守方面是一个失败者。相反，这却给你一个机会，能够让你针对暴露在进攻方面前的防守漏洞，进行更多的思考。

第10章

特定进攻战术

在本书的最后一章中，我们要关注队伍的进攻，以及在团队进攻中如何运用之前学到的本领。我们会介绍有关触击打、击跑战术、跑打战术、一垒和三垒有跑垒员的进攻，以及推送跑垒员和得分等技巧。作为团队进攻的一员，你要使用个人的击球能力和跑垒技巧来协助球队获得最终的胜利。

击球员的进攻战术是决定团队进攻能力的一个重要因素。有时候击球员不理解为什么要安排他去触击打，为什么要牺牲这个击球机会。大部分的击球员都想把球打出去。但是要知道这些战术安排是为了整个球队做出的，只有当球员和球队都理解了这一点，才能一起获得提升。

牺牲式触击打

触击打是进攻的一部分，常常被人们称为小球技术。对某些球员而言，触击打是他们进攻的一个重要上垒技巧，因为这种进攻方式会迫使防守方的球员调整防守的站位，我们会在本章的后半部分详细介绍这一技巧。触击打的目的是通过让自己出局，换取一名跑垒员或者多名跑垒员前进一个垒。一般在比赛的后半程使用，通常在一垒有跑垒员（图10.1）或者在二垒有跑垒员，或者一垒和二垒都有跑垒员（图10.2），并且没有人出局的情况下使用居多。特殊情况下也可能在跑垒员在三垒的时候使用（图10.3）。牺牲触击打的逻辑是，进攻方希望通过牺牲击球员，使一垒跑垒员进入得分位置，然后，下一球员打出一个普通的安打，就可以使该跑垒员得分。如果通过触击球，使跑垒员从二垒到达三垒，接下来进攻方则可用多种方法进行得分，例如牺牲式高飞球、内场深守时打地滚球、接手漏接（本应该被接手接住的球，但是接手在接球时出现失误，导致没有接到球，使一名或多名跑垒员到达下一个垒或者得分）、暴投（投手在投球时，球偏离本垒板致接手无法接住球，使一名或多名跑垒员到达下一垒）等。一个善于用触击球进攻的球队一般都会大大增加防守方的压力。随着比赛的进行，尤其在比赛的后半程，这种压力会影响到比赛的结果。

图10.1 一垒有跑垒员——一垒方向牺牲式触击打

1. 当投手准备好投球时，击球员做好触击准备姿势。

2. 击球员要把球推到一垒垒线和投手中间的位置。

3. 垒上的跑垒员第二次离垒的时候要注意观察触击球的角度。

错误

垒上跑垒员离垒过远，若是击球员突然放弃触击，跑垒员会被接手牵制出局。

改正

跑垒员要注意，击球员只对好球进行触击，坏球是不打的。所以跑垒员必须看清楚击球员有没有触击到球并且触击球有没有向下的角度。

图10.2　一垒和二垒有跑垒员——三垒方向牺牲式触击打

1. 当投手准备好投球时，击球员做好触击准备
   姿势。

2. 击球员向三垒跑垒线进行触击，触击的力道
   最好让球刚刚滚到迫使三垒手离垒前冲接球
   的位置。

3. 两名跑垒员第二次离垒时注意观察触击球的
   角度。

错误

触击球最大的失误是把球打向投手，尤其是左投手。

改正

尽量让球沿着垒线滚动，远离投手的方向，迫使三垒手离垒接球。

抢分触击打

抢分触击打是跑垒员在三垒时的一种战术。击球者通过触击打使得自己被传杀出局，但是为三垒跑垒员制造出了得分的机会。因为抢分触击打是一种牺牲式打法，所以在比赛中有两人出局的情况下不能使用。同时在两个好球的局面中也不能使用，因为若是打出了一个界外球，就意味着被三振出局了。

抢分触击打一共有两种方式，牺牲抢分触击打（图10.3）和安全抢分触击打。之所以称之为牺牲抢分触击打是因为三垒跑垒员是在不知道触击球效果的情况下，直接抢本垒得分。如果触击球打不出来或者打到防守球员手上，跑垒员会很容易出局。正因如此，如果球的落点正确，防守方会很难防守，为进攻方抢得1分。

安全抢分触击打与牺牲抢分触击打大致一样，只是三垒跑垒员跑回本垒之前，在垒上先确认触击球的效果然后再启动回本垒。因为跑垒员需要在三垒上等待和确认球的落点，所以这种抢分触击打更容易防守，也不像牺牲触击打那样容易得分。

错误

触击打时，没有触击到球，使跑垒员完全暴露在接手之下，被接手轻松触杀。

改正

击球时，姿势一定要摆正确。

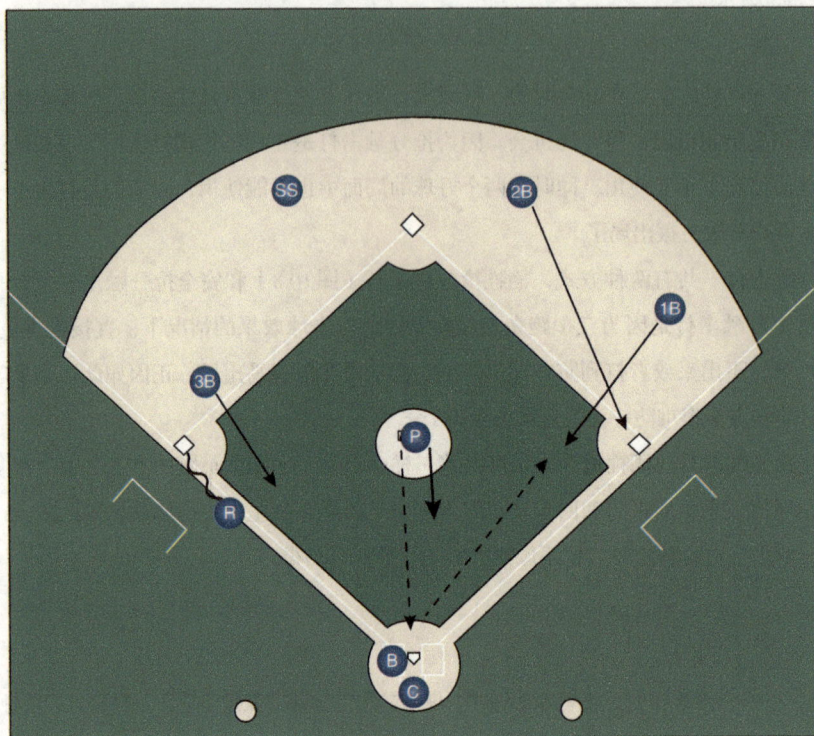

图10.3 抢分触击打

1. 这种触击打与标准触击打的技巧相同，区别在于，击球员在投手做出一半投球动作时，才做出触击打的动作。

2. 投手出手以后，击球员转换为触击姿势。可以通过前脚的支撑，转体进入触击姿势，也可以通过小碎步进入触击姿势。

3. 无论投手把球投到哪里，击球员必须要击打到球。触击打要求把球打到地面上。

4. 三垒跑垒员等待投手引臂动作达到最高点时开始起跑。起跑前要再次确认投手放弃牵制，才能启动。

触击安打

速度型球员或者击球能力较弱的球员常常使用触击安打技术。击球员通过采用推送（图10.4）或拉推触击（图10.5）方法，制造出正向和反向的触击球，把球击向内场的不同位置，使防守球员很难接球从而将其传杀出局。优秀的触击安打球员可以通过组合使用正反向触击球，迫使防守方转换防守阵型，从而找到防守空当，抓住机会挥棒击球。推送触击打和拉推触击打的击球动作非常相似。但是两种动作都很难做好，所以青少年球员很少使用。

图10.4 推送触击

1. 当投手开始投球时，击球员做好触击的准备，击球员应尽可能掩饰触击意图，在最后一刻才把触击动作做出来。推送触击的技术动作和之前介绍过的标准触击球的技术动作相同，参见第5章，图5.6中。其主要区别在于击球员应尽可能向防守球员掩饰触击意图，使防守方无法提前改变防守阵型。

2. 在击球时，把手要在棒头前面一点，制造"推送"的角度。击球时，把球棒"推送"出去，保持住球棒的倾斜角度，使球落在内场右侧。

3. 尽量使球穿过投手，落在一垒手、二垒手和投手之间的三角区域（图10.4）。

4. 跑垒员在球与球棒接触的一刹那，开始起跑。右手球员起跑时，先迈右脚。左手球员起跑时，先迈左脚，与右脚成交叉步。

错误

过早暴露触击意图会使防守球员提前做好防守准备。

改正

练习时，要求击球员在保证击球节奏的同时，尽量多等待一会儿，晚点做出触击动作。

图10.5　拉推触击

1. 拉推触击通常是左手球员使用的触击方法。技术动作与推送触击一样，只是球的落地相反，右手球员也可以使用这种触击方法。

2. 击球时机以及击球前的隐蔽要求与推送触击相同，使用的技术动作和标准触击动作也相同。

3. 左手球员击球时，把手要在棒头前面一点，保证"推送"的角度。击球时，把球棒"推送"出去，保持住球棒的倾斜角度，使球落在内场左侧。右手球员握棒角度相反，棒头在前，把手在后。

4. 尽量使球沿着三垒垒线移动并停在距离三垒一半路线或者稍微远点的位置上（图10.5）。

5. 跑垒员在球与球棒接触的一刹那，开始起跑。右手球员起跑时，先迈右脚。左手球员起跑时，先迈左脚，与右脚成交叉步。

错误

如果球没有沿着垒线滚动，三垒手会较容易处理局面。

改正

拉推触击球的目的是使球沿着三垒线滚动，所以尽量往线上打，如果球打偏了就让球落在界外区域。

触击打训练1 分解动作

触击打分解动作是为了训练球员击出指定触击球的能力。在每一回合中击球员分别进行牺牲式触击打、触击安打和抢分触击打，各2次。在不挥棒情况下，进行进攻训练，有利于提高全队的专注力。在训练中，可以加入跑垒员和防守球员，同时训练全队的进攻和防守。如果训练时间不足或者仅仅想训练球员的触击球能力，可以只对击球员进行触击打的技巧训练。

增加难度

- 用投球机来代替投手投球。
- 在击球手不知情的情况下，增加或降低投球的速度。
- 在投球中除了直线速球外，加入其他类型的投球。

降低难度

- 降低投手投球的速度。

成功的标准

- 击球员要能够持续做好触击姿势。
- 击球员在触击打时必须要让球落在每种触击打所要求的指定位置上。
- 在推送或拉推触击打时，击球手要在球与球棒接触后，做好起跑动作，迅速向一垒移动。

给自己的训练打分

每组动作重复2次。

每成功触击打一次得1分。

技术动作正确，但是球没有落在指定位置得0.5分。

因技术动作不正确，在触击打时，使球向上弹起，没有击到球或者将球弹向投手得0分。

一垒牺牲式触击打得分_____（2分）

三垒牺牲式触击打得分_____（2分）

推送触击打得分_____（2分）

拉推触击打得分_____（2分）

抢分触击打得分_____（2分）

你的得分_____（10分）

触击打训练2 加入触击打的击球训练

在打击训练中加入触击球，要求击球员注意，每次挥棒之前或之后要正确转换到触击姿势并且一定要把球触击到地面。触击球安排在每一轮打击的开始或者结束的时候。

增加难度

- 加入不同类型的投球，改变投球的落点。
- 给击球员增加压力。让击球员在每一次成功的触击打之后增加击球的次数，或者在未成功的触击打之后减少击球的次数。

降低难度

- 在击球训练中，降低触击打的投球速度。

成功的标准

- 击球员要能够持续做好触击姿势。
- 击球员在触击打时必须让球落在每种触击打所要求的指定位置。
- 在推送和拉推触击打时，击球手要在球与球棒接触后，做好起跑准备，迅速向一垒移动。

给自己的训练打分

每组动作重复2次。

每成功触击打一次得1分。

技术动作正确，但是球没有落在指定位置得0.5分。

因技术动作不正确，在触击打时，使球向上弹起，没有击到球或者将球弹向投手得0分。

一垒牺牲式触击打得分_____（2分）

三垒牺牲式触击打得分_____（2分）

推送触击打得分_____（2分）

拉推触击打得分_____（2分）

抢分触击打得分_____（2分）

你的得分_____（10分）

触击打训练3　触击打分组训练

之前我们已经介绍过针对触击打的防守分组训练。下面，让我们把视线转移到进攻一方。分组训练主要针对打好触击球和跑垒员起跑的时机。

增加难度

- 由投手进行真实投球。

降低难度

- 降低投球的速度。

成功的标准

- 击球员要根据场上局面来实施触击打。
- 完成触击后，要迅速跑向一垒。
- 跑垒员要认真读懂触击球的线路。
- 跑垒员要进垒。

给自己的训练打分

每组动作重复5次。

成功进行触击打，并认真观察触击球的落地位置得1分。

虽然触击打完成得很好，但是防守方依然成功防守得0.5分。

触击打动作错误，也没有观察球的落点得0分。

触击打得分_____（5分）

一垒位置观察触击球的落点得分_____（5分）

二垒位置观察触击球的落点得分_____（5分）

三垒位置观察触击球的落点得分_____（5分）

你的得分_____（20分）

击跑战术和跑打战术

击跑战术和跑打战术都是为了增加防守方压力的方法。这种战术的原理是通过跑垒员的移动带动一名或者多名防守球员轮换转移防守位置，从而在投手投球的瞬间，为击球员创造出击球的空隙。这种战术的运用时机取决于球员能力和场上的局面需要，这是进攻中非常重要的两个战术。如果在实际比赛中合理运用这种战术，会给防守球员带来很大的防守压力。

击跑战术

投手投球后，一名跑垒员或者多名跑垒员开始跑垒。击球员的任务是向内场两侧击出地滚球，尽量不要打向内场中间的防守球员。跑垒员在半程的时候观察球的路线。

错误

跑垒员的一种常见错误，就是为制造一个强而有力的起跑，分散了注意力，被投手抓住时机牵制出局。对于击球手来说，最佳的击球路线是穿越跑垒员，球落在右外场。

改正

击跑战术并不让跑垒员直接盗垒。这种战术只是让跑垒员提前做好起跑准备，避免被双杀或者迫使防守方改变防守阵型的战术。对于击球手来说，虽然最好能够将球击向场地的右侧，但是有时很难做到。在这个战术中，只要将球打到地上并远离场地的中间防守球员，就算是成功完成任务了。

跑打战术

跑打战术主要用于一垒有跑垒员的情况。跑垒员的任务就是采用一个有力的起跑并进行盗垒。击球员要注意跑垒员起跑情况，如果跑垒员盗垒成功，则不挥棒击球。如果跑垒员起跑不理想，则挥棒击球掩护跑垒员完成盗垒。

错误

盗垒成功时，击球员挥棒打了界外球。

改正

如果跑垒员已经盗垒成功，击球手不挥棒击球是最佳选择。但是如果击球手一定要挥击，必须把球打到界内地面上。

击跑战术和跑打战术训练1　打击训练

在打球训练中加入一个或者两个回合的击跑和跑打战术训练。重点让球员练习起跑和读球的能力。

增加难度

- 增加投球的速度。
- 加入不同类型的投球，改变投球的落点。
- 加入牵制球，来牵制跑垒员。

降低难度

- 减慢投球的速度。
- 将球投到有利于击球手轻松击球的固定位置。

成功的标准

- 作为击球员，你能够击出穿过内场，远离场地中间位置的地滚球吗？
- 作为跑垒员是否做出了正确的起跑判断？

给自己的训练打分

每组动作重复10次。

在击跑配合战术训练中，击出远离场地中间位置的地滚球得1分。

在击跑配合战术训练中，击出平直球得0.5分。

在击跑配合战术训练中，击出内场高飞球，或者没有挥棒击球得0分。

进行正确的跑垒得1分。

击球得分＿＿＿＿＿＿（10分）

跑垒得分＿＿＿＿＿＿（10分）

你的得分＿＿＿＿＿＿（20分）

击跑战术和跑打战术训练2　分组训练

　　分组专项训练。可以同时锻炼到进攻和防守两个方面，是击跑和跑打战术的主要训练方式。训练中，击球员着重强化击跑战术如何把球送到要求的位置，而在跑打战术中重点锻炼读球和起跑的时机，学会放弃挥击和用挥棒来掩护跑垒员。

增加难度

- 按照实战，使用暗号。

降低难度

- 向球员提前示意要执行的战术。
- 让投手只投直线速球。

成功的标准

- 在击跑战术中，击球手要将球击打在正确的落点上。
- 在跑打战术中，跑垒员起跑要充分。因为击球员要通过观察跑垒员的起跑情况，来决定进不进行挥击。

给自己的训练打分

每组动作重复5次。

击球得分＿＿＿＿＿＿（5分）

跑垒得分＿＿＿＿＿＿（5分）

你的得分＿＿＿＿＿＿（10分）

跑垒员在一垒和三垒进攻战术

跑垒员在一垒和三垒时进攻方可以有多种进攻方式。例如：直接盗垒（图10.6）、偷停盗垒（图10.7）、延迟盗垒（图10.8）以及故意被牵制——提前盗垒（图10.9）。使用何种战术要根据跑垒员的速度、比赛的局数、得分、投手和击球手之间的相对位置，以及出局球员的数量来决定。通过使用不同战术可以给防守方制造压力，迫使他们传球，制造防守失误。

图10.6 直接盗垒

1. 盗垒时，跑垒员在一垒位置起跑。

2. 三垒跑垒员观察接手的传球，除非接手传球失误，否则留在垒上。直接盗垒的目的是使一垒跑垒员安全到达二垒。

错误

三垒跑垒员被传杀出局。

改正

三垒跑垒员要同时注意传球的方向和三垒的防守球员。提醒自己时刻做好回垒的准备。

图10.7 偷停盗垒

1. 一垒跑垒员启动盗垒。
2. 当接手向二垒传杀时，跑垒员在一垒和二垒之间停止跑垒。
3. 接手传球出手的瞬间，三垒跑垒员向本垒起跑。
4. 这种战术的目的是让三垒跑垒员利用接手向二垒传球的时机，回到本垒得分。一般情况下，防守球员来不及把球从二垒回传本垒。

错误

一垒跑垒员被牵制出局。

改正

用击跑战术的方法来执行这个战术。

图10.8 延迟盗垒

图10.8 延迟盗垒（续）

1. 一垒跑垒员正常进行第二次离垒（图10.8a），并且在接手接球以后才向二垒起跑盗垒（图10.8b）。

2. 三垒跑垒员观察接手向二垒传球的情况（图10.8c）。

3. 如果跑垒员采用延迟盗垒，跑垒员可以在中途停下，制造出被夹杀的局面。

4. 跑垒员要尽可能停留在被夹杀的局面，直至一垒手传球出手。

5. 当一垒手在夹杀过程中出手传球，三垒跑垒员立即向本垒起跑。

6. 延迟盗垒的目的是让三垒跑垒员回到本垒得分。

错误

一垒跑垒员主动进垒被接手直接传杀出局。

改正

一垒跑垒员在跑动中，必须要注意接手的传球情况。如果一垒跑垒员因为主动进垒被接手传杀掉，这个战术就变得毫无意义。一垒跑垒员应尽可能地拖延夹杀时间。

图10.9 故意被牵制——提前盗垒

1. 当投手静止准备投球时，一垒跑垒员加大离垒的距离，故意给投手创造出投牵制球的空间，吸引投手投出牵制球（图10.9a）。

2. 一垒跑垒员尽量延长被夹杀的时间。

3. 投手投球出手的瞬间，三垒跑垒员向本垒起跑（图10.9b）。

4. 战术目的是使三垒跑垒员回到本垒得分。

5. 在面对左投时，三垒跑垒员可以在投手静止后准备启动的瞬间开始起跑。

6. 一垒跑垒员跟随三垒跑垒员同时起跑。这样可以制造投手犯规并为三垒跑垒员得分创造出更大的空间。

错误

错误判断时机，使进攻球员很容易出局。

改正

三垒跑垒员不能起跑太早，同时一垒起跑员不能起跑太晚。

一垒和三垒的进攻训练 1 团队进攻——无击球手的跑垒训练

首先由教练或者投手站在投手板上，防守球员进入指定防守位置，或者无须防守球员仅仅由进攻球员进行跑垒。本训练的目的是让进攻球员在每次进攻中掌握正确的时机和战术要求。如果防守球员参与训练，由于没有击球员，投手必须向接手真实投球。跑垒员需要多练习读球的能力以及掌握战术实施的时机，同时还要注意跑垒指导教练的战术暗号。

增加难度

- 按照比赛的节奏和速度进行实战训练。

降低难度

- 教练作为投手，放慢节奏，使球员更好地理解这种进攻方法。

成功的标准

- 跑垒员要根据教练的战术暗号做出正确的反应。这意味着要读懂暗号并且了解暗号的具体含义。
- 跑垒员保持适度的离垒距离，并做出正确的起跑动作。
- 2名跑垒员之间跑动时机的配合是这个进攻战术成功的关键。

给自己的训练打分

每组动作重复5次。

每成功执行战术一次得1分。

没有把握正确的时机，没有按照暗号进行跑垒得0分。

一垒跑垒得分_____（5分）

三垒跑垒得分_____（5分）

你的得分_____（10分）

一垒和三垒的进攻训练 2 分组模拟训练

另一种针对一垒和三垒进攻的训练方法是分组模拟训练。这种训练方法与无击球手的跑垒训练相似，只不过在训练中加入了击球员和防守球员。跑垒员每次进攻中重点掌握起跑时机，还要注意跑垒指导教练发出的暗号以及观察击球手的动作和球的路线。

增加难度

- 在比赛中发出暗号，并按照比赛的速度进行训练。

降低难度

- 在对抗训练中，向球员提醒球队的进攻战术，并降低训练的节奏。

成功的标准

- 跑垒员观察击球手和投手的动作，并且注意跑垒指导教练所发出的暗号。
- 跑垒员根据情况选择合适的离垒距离和起跑时机。

给自己的训练打分

每组动作重复5次。

一垒跑垒得分＿＿＿＿（5分）

三垒跑垒得分＿＿＿＿（5分）

你的得分＿＿＿＿（10分）

推进跑垒员和推进跑垒员得分

根据局面选择击打方式，是一个队伍进攻能力成熟的标志。所谓推进跑垒员就是我们在本章之前所介绍的牺牲触击打相似的概念。这种进攻方法是让击球员把球打到场地的特定位置，使跑垒员能够成功到达下一垒。尤其在三垒抢分时，要求击球员根据防守站位必须把球打到指定的位置。下面是一些具体情况下的进攻方法。

二垒有跑垒员，无人出局局面——推进他

击球员的任务是在最多两人出局前，将跑垒员送到三垒。为了完成这个任务，击球员需要把球打到场地的右侧。跑垒员注意观察击球的效果。如果是朝着三垒手或者跑垒员自己方向的一个扎实的地滚球，跑垒员不进垒。如果是跑垒员身后的穿越地滚球，立刻进垒。如果是高飞球，由三垒指导教练负责决定是否进垒，跑垒员脚触垒包等待教练的信号。

错误

球击向场地左侧，跑垒员在三垒被传杀出局。

改正

如果跑垒员对进攻有任何犹豫，应该停在垒位上保持不动。

内场浅守——推进跑垒员得分

这个战术，击球员的任务就是向外场击出高飞球，越深越好。使跑垒员有足够的时间触垒得分。也可以打一个中间方向的穿越平直球。跑垒员必须要观察球的路线，确认是穿越安打，还是必须触垒等待的高飞球。

错误

三垒跑垒员提前起跑。

改正

三垒跑垒员必须确认球穿过内场后再起跑，缩短离垒距离可以提醒自己不要抢跑。

内场深守——推进跑垒员得分

球碰到球棒的瞬间，跑垒员立刻起跑。只有在球被击回到投手位置的情况下，跑垒员保持不动。击球手只需要向内场中间位置打出一个地滚球，就能轻松获得一个打点。

错误

击球员被三振出局。

改正

这种局面是棒球场上最容易得分的一个局面。击球员只需要向内场地面打出一个游击方向的地滚球就获得一个打点。

推进跑垒员和推进跑垒员得分训练1　有跑垒员的打击训练

在一个或两个回合的打击训练中加入跑垒员的训练。重点训练跑垒员的起步和读球能力，跑垒员要把握正确的战术时机，动作要规范。跑垒员还需留意教练的暗号，并同时观察投手和击球手的动作。

增加难度
- 将跑垒员在垒位上彼此分开。
- 给每一名击球员和跑垒员各自的任务，各自练习读球。

降低难度
- 让跑垒员练习一个垒位的跑动。
- 每次训练只针对场上一种局面。

217

成功的标准

- 跑垒员要根据场上情况做出正确的判断，同时注意跑垒指导教练的信号，接受指示。
- 击球员要将球击到指定的位置，使跑垒员能够成功到达下一垒。

给自己的训练打分

每组重复5次。

跑垒员在二垒上，无人出局时的跑动，得分＿＿＿＿（5分）

击出高飞球—使跑垒员得分，得分＿＿＿＿（5分）

击出地滚球—使跑垒员得分，得分＿＿＿＿（5分）

二垒位置的读球得分＿＿＿＿（5分）

三垒位置的读球得分＿＿＿＿（5分）

你的得分＿＿＿＿＿（25分）

推进跑垒员和推进跑垒员得分训练2 分组模拟训练

分组模拟训练是一种模拟真实比赛的训练方式。因为采用比赛的形式，所以要求训练采用比赛的节奏和速度。在训练中，跑垒员要把握正确战术时机，动作要规范。跑垒员还需留意跑垒指导教练的暗号，并同时观察投手和击球手的动作。

降低难度

- 由教练只投直线速球。

成功的标准

- 跑垒员要根据场上的情况做出正确的判断，同时注意跑垒指导教练的信号，接受指示。
- 击球员要将球击到指定的位置，使跑垒员能够成功到达下一垒。

给自己的训练打分

每组动作重复2次。

跑垒员在二垒上，无人出局时的跑动得分＿＿＿＿（2分）

击出高飞球—使跑垒员得分，得分＿＿＿＿（2分）

击出地滚球—使跑垒员得分，得分＿＿＿＿（2分）

二垒位置的读球得分＿＿＿＿（2分）

三垒位置的读球得分＿＿＿＿（2分）

你的得分＿＿＿＿＿（10分）

总结

处理进攻局面是决定一个球队成功与否，以及球队水平高低的重要因素。如果一个球队能够根据球员的条件来发挥这些进攻技巧，并把球员放在最合适的位置，这样的球队是任何防守球员都不想面对的。给自己打打分，看看你最适合在哪个进攻位置来协助队伍获得胜利。

触击打训练

1. 分解动作得分 ＿＿＿＿＿（10分）
2. 加入触击打的击球训练得分 ＿＿＿＿＿（10分）
3. 触击打分组训练得分 ＿＿＿＿＿（20分）

击跑战术和跑打战术训练

1. 打击训练得分 ＿＿＿＿＿（20分）
2. 分组训练得分 ＿＿＿＿＿（10分）

一垒和三垒的进攻训练

1. 团队进攻——无击球手的跑垒训练得分 ＿＿＿＿＿（10分）
2. 分组模拟训练得分 ＿＿＿＿＿（10分）

推进跑垒员和推进跑垒员得分训练

1. 有跑垒员的打击训练得分 ＿＿＿＿＿（25分）
2. 分组模拟训练得分 ＿＿＿＿＿（10分）
   总得分 ＿＿＿＿＿（满分125分）

如果你的成绩高于75分，这是一个非常优秀的分数，这个分数会使你作为团队的一员增加信心。你的成绩也证明自己在比赛压力下，具备了执行进攻的能力。同时也反映了每次比赛中你拥有较高的棒球智商。如果你在某个训练中的分数很低，你需要在这个环节中多加练习，使全队的进攻更加完善协调。

作者简介

肯尼·托马斯

自从成为南卡罗莱纳大学艾肯分校棒球队的主教练以来，肯尼·托马斯重建了该校的棒球队"Pacers"，并使该校的棒球队成为全美大学生棒球联赛中的一股新的力量，球队排名常年稳居在全美大学体育协会二类大学棒球队的前25名之内。

在2017赛季的开始，肯尼·托马斯个人的职业教练胜场数达到了1139场。其中作为南卡罗莱纳大学艾肯分校棒球队主教练的胜场数为618场。目前1139胜、562负的执教成绩使他在全美大学体育协会二类大学棒球队所有教练的胜场数中排名前40。而他作为南卡罗莱纳大学艾肯分校棒球队的主教练期间，64.3%的胜场率使他在全美大学体育协会二类大学棒球队所有教练中排名前30。托马斯在执教"Pacers"队的11个赛季中，已经带队赢得了8届全美大学生棒球联赛的冠军（2005年、2006年、2007年、2008年、2009年、2013年、2014年、2016年）。

在托马斯执教的所有球员中，已经有67名球员在美国大联盟（MLB）选秀中被选中并签约。102名球员入选最佳阵容，其中17名球员入选全明星阵容，6名球员入选当年的最佳阵容，一名球员入选东南赛区最佳阵容，一名球员入选国家赛区最佳阵容。在他的带领下南卡罗莱纳大学艾肯分校棒球队球员连续5年（2012～2016年），在美国大联盟选秀中，前15轮被选中。

在美国田纳西州纳什维尔瓦卡大学当球员时，托马斯曾3次入选最佳阵容，2次入选全区最佳阵容，3次成为队伍的队长，并在他的第一赛季被全美大学校际体育运动协会评选为最佳接手。

D. J. 金

曾经作为副主教练和招聘专员在美国佐治亚州安德鲁大学度过了三个赛季。同时，他还在肯尼索州立大学作为志愿者助理教练度过了三个赛季。在南卡罗莱纳大学艾肯分校工作的三个赛季中，D. J. 金曾经担任两年球队投手教练，同时兼任球队招聘人员、力量训练教练、球队协调员和体育场主管等工作。

D. J. 金曾在爱荷华州的河谷联盟的夏季联赛中，担任Dubuque Waves棒球队主教练，在那里被选中执教该联盟中的全明星球队。同时又在弗吉尼亚州的山谷棒球联赛连续两年的夏季联赛中，担任Waynesboro Generals棒球队主教练。同时带领队伍取得了2014年该联盟夏季联赛的冠军，在2015年的夏季联赛中，带领队伍打进了半决赛。

在D. J. 金的职业教练生涯之前，作为高中生球员曾经为美国阳明中学连续两届赢得州级别棒球联赛冠军。曾经被美国传奇教练休·布坎南执教过。在大学期间，效力于Chattahoochee Valley棒球队，并入选全明星投手阵容，并在美国肖特尔学院退役，结束了自己的职业棒球生涯。

译者简介

丁峰

北京外国语大学英语和国际金融双学士；

中国棒球协会外事主管；

国家棒球队翻译；

2008年北京奥组委棒球竞赛团队成员；

2010年广州亚运会棒球竞赛主任；

2013年天津东亚运动会棒球竞赛主任。